Friedrich Max Müller

Die Vernünftigkeit der Religion

Friedrich Max Müller

Die Vernünftigkeit der Religion

ISBN/EAN: 9783337321291

Hergestellt in Europa, USA, Kanada, Australien, Japan

Cover: Foto ©Lupo / pixelio.de

Weitere Bücher finden Sie auf **www.hansebooks.com**

Separatabdruck.

Deutsche Rundschau.

Herausgegeben

von

Julius Rodenberg.

Fünfundzwanzigster Jahrgang. **Heft 3.** — — December 1898. — —

Die Vernünftigkeit der Religion.
In Sachen Pferdebürla.
Von
F. Max Müller.

⁂

· —◆→· ·

Berlin.

Verlag von Gebrüder Paetel.

Die Vernünftigkeit der Religion.

In Sachen Pferdebürla [1]).

Von
F. Max Müller.

[Nachdruck untersagt.]

Die schwierigste und jedenfalls die dornenvollste Frage, die das Pferdebürla mir vorgelegt hat, ist bisher noch immer unbeantwortet geblieben, und
ich habe lange gezweifelt, ob ich es versuchen sollte, sie in einer so populären
Zeitschrift wie die „Deutsche Rundschau" ist, zu beantworten. Es gibt ja
so viele Dinge, die unter den Gelehrten längst abgemacht sind, so daß man
kaum noch darüber spricht, während sie bei einem großen Theil selbst des
gebildeten Publicums, noch immer in ein nebelhaftes Halbdunkel gehüllt bleiben.
Hierzu gehören hauptsächlich die sogenannten Glaubensartikel. Wir müssen
nicht vergessen, daß bei vielen, ja den meisten Menschen, Glaube nicht Glaube,
sondern hergebrachte Gewohnheit ist. Wie wäre sonst der Sohn eines Juden
ein Jude, der Sohn eines Parsis ein Parsi? Niemand läßt sich aber gern in
seinen alten Gewohnheiten stören. Es gibt auch Fragen, über welche die
Menschen, so wie sie nun einmal sind, nie zu einem allgemeinen Einverständniß
kommen werden, weil sie außerhalb des Reiches der Wissenschaft oder des
Wißbaren liegen. Ueber solche Fragen verliert man am besten keine Worte
mehr. Nun ist es aber gerade eine dieser Fragen, die vom wahren Wesen
der Offenbarung, über welche das Pferdebürla und seine Genossen durchaus
meine Ansicht wissen wollen. Die landläufige Theorie der Offenbarung ist
ihnen ein großer Stein des Anstoßes, und sie richten ihren Hauptangriff stets
gegen diese alte Festung. Auf der anderen Seite ist nichts so bequem als
diese Theorie, und Viele, die keinen anderen Halt haben, klammern sich fest
an diesen Anker. Die Bibel ist göttliche Offenbarung, sagen sie, also ist sie
unfehlbar und unanfechtbar, und somit ist Alles abgemacht.

Nun sollte man doch wohl vor allen Dingen sich darüber verständigen,
was man unter Offenbarung versteht, ehe man Offenbarung von Bibel prädicirt.

---

[1]) Vergl. Deutsche Rundschau, 1897, Bd. LXXXXIII, S. 186 ff.

Es gibt wohl nur noch Wenige, die wirklich glauben, daß ein Engel in leib=
haftiger Gestalt vom Himmel herabgeflogen kam und den Aposteln jeden Vers,
jedes Wort, ja jeden Buchstaben unserer Evangelien in ziemlich schlechtem
Griechisch ins Ohr flüsterte. Wenn Petrus in seinem zweiten Briefe (I, 18)
uns versichert, daß er selbst eine Stimme vom Himmel gehört habe, so ist
das eine Thatsache, die eben nur durch Zeugen bestätigt oder entkräftigt werden
kann. Wenn er aber unmittelbar darauf sagt (I, 21), daß „heilige Menschen
Gottes geredet haben, getrieben von dem heiligen Geiste", so ist das eine Ansicht
von Inspiration, die sehr verständlich ist, deren Möglichkeit oder Wirklichkeit
jedoch zuvörderst von Psychologen bestimmt werden muß. Zugegeben aber,
daß heilige Menschen einer solchen Inspiration theilhaftig werden können, so
ist es doch wohl klar, daß es einer viel höheren Inspiration bedarf, um
andere Menschen für göttlich inspirirt zu erklären, als für sich selbst und
auf eigene Faust eine solche Inspiration zu beanspruchen. Diese Theorie,
daß die Evangelien göttliche Inspiration und also unfehlbar und unanfechtbar
sind, hat sich namentlich seit der Zeit der Reformation mehr und mehr Ein=
gang verschafft. Die Bibel sollte in Zukunft die einzige Autorität für den
christlichen Glauben sein. Papst und kirchliche Tradition waren hin, und
desto stärkeren Nachdruck legte man deshalb auf die Litera scripta des
Neuen Testaments. Dies führte natürlich zu einer sehr mühsamen und bis
auf das Kleinste gehenden Kritik dieser Urkunden, welche von Jahr zu Jahr
einen immer größeren Umfang gewonnen und sich schließlich in so viele
specielle Untersuchungen vertieft hat, daß man ihren ursprünglichen Zweck,
die Autorität der Schriften des Neuen Testaments zu begründen, ganz aus
den Augen verloren zu haben scheint. Diese kritischen Untersuchungen über die
Handschriften des Neuen Testaments, über Codex Sinaiticus, Alexandrinus und
Vaticanus bis herab zu Nummer 269, Bertley's Q., interessiren nun wohl
das Pferdebürla weniger; sie sind den Fachmännern bekannt, und für die
Leute außerhalb des Faches ohne Interesse.

Hätte man, was ja ohne alle Wunder hätte geschehen können, das
ursprüngliche Autograph der Evangelien, wie es die Apostel oder sonst Jemand
eigenhändig niedergeschrieben, nur sorgsam in dem Archiv der ersten Päpste
aufbewahrt, so wäre unseren Professoren viele Mühe erspart worden. Wir
lesen aber nirgends, daß diese Nachfolger und Erben Petri gerade für diese
Hauptpflicht ihres Amtes, die Aufbewahrung des größten Kleinods ihres
Schatzes, nämlich des Neuen Testaments, besondere Sorge getragen hätten.
Was sie versäumt hatten, mußte also von unseren Philologen nachgeholt
werden. Wie nun diese, wenn sie den peloponnesischen Krieg studiren wollten,
sich an die Handschriften des Thukydides hielten, so hielten sich die christ=
lichen Gelehrten, um die Anfänge des Christenthums kennen zu lernen, zu=
nächst an die Handschriften des Neuen Testaments. Und wie die Handschriften
des Thukydides sehr von einander abweichen und an gewissen Stellen uns
ganz rathlos lassen, so war es auch mit den Handschriften des Neuen
Testaments. Bentley spricht noch von 30 000 variae lectiones im Neuen
Testament, aber seit seiner Zeit soll ihre Anzahl viermal so groß geworden

sein. Die Handschriften des Neuen Testaments sind zahlreicher als die irgend eines Classikers. Zweitausend sind bekannt und beschrieben worden, und andere mögen noch immer in Bibliotheken begraben liegen. Während nun diese große Anzahl der Handschriften und der verschiedenen Lesarten den neutestamentlichen Philologen größere Schwierigkeiten bereitet als dies bei classischen Philologen der Fall ist, so steht auf der anderen Seite das Neue Testament im Vortheil gegen alle classischen Texte, indem seine Handschriften weit älter sind als die der meisten classischen Schriftsteller. Wir haben z. B. kein vollständiges Manuscript des Homer vor dem dreizehnten Jahrhundert, während die ältesten Handschriften des Neuen Testaments aus dem vierten und fünften Jahrhundert stammen. Man sagt wohl oft, daß alle diese Dinge von keinem Belang für das Verständniß des Neuen Testaments sind, und daß Theologen sich nicht darum zu bekümmern haben. Das ist aber doch etwas zu viel gesagt. Es gibt variae lectiones, die durchaus nicht ohne Bedeutung für die Thatsachen und für die Lehren des Christenthums sind, und wo das letzte Wort nicht dem Theologen, sondern dem Philologen zusteht. Niemand wird sagen, daß es keinen Unterschied macht, ob man Marcus (XVI, 9—20) wegläßt oder nicht; Niemand wird die Echtheit oder Unechtheit des Abschnittes über die Ehebrecherin (Johannes VII, 53; VIII, 11) für ganz gleichgültig erklären. Wenn man sich erinnert, wie viel über den 7. Vers des fünften Capitels im ersten Brief Johannes gestritten und geschrieben worden ist, und wie man die ganze Lehre von der Trinität als auf ihr begründet hingestellt hat („denn Drey sind, die da zeugen im Himmel: der Vater, der Sohn und der heilige Geist, und diese Drey sind eins"), wird man kaum behaupten können, daß die Handschriften von keinem Belang für das christliche Dogma sind. Ob man im ersten Briefe an Timotheus (III, 16) ΟC für ΘC, d. h. Θεός liest, ist doch auch nicht ganz unwesentlich. Doch gebe ich zu, daß im Vergleich mit den Fragen, welche das Pferdebürla und seine Meinungsgenossen mir vorgelegt haben, diese variae lectiones uns weit weniger Kopfzerbrechen zu machen brauchen als andere Probleme. Man hat mir vorgeworfen, daß ich meinen Freunden die Antwort auf ihre ausschließlich gegen die christliche Religion gerichteten Angriffe schuldig geblieben sei. Es war aber unmöglich, gründlich auf diese Dinge zu antworten, ohne vorher ihre gegen alle Religion gerichteten Bedenken in Betracht gezogen zu haben.

Zwei Dinge also, welche die Grundlage aller Religion bilden, wollte ich zuerst meinen unbekannten Freunden klar zu machen suchen: erstens, daß die Welt vernünftig ist, daß sie gedacht und nur in diesem Sinne von einem Wesen gemacht ist, welches Vernunft hat oder Vernunft ist (der Logos); und zweitens, daß Geist oder Denken nicht Resultat der Materie sein kann, sondern im Gegentheil das Prius aller Dinge ist. Hierzu war eine Darstellung der Resultate der Sprachphilosophie durchaus nothwendig, theils um das Verhältniß des Denkens zum Sprechen klarer festzustellen, theils um die wahre Bedeutung des Logos oder des Wortes im Neuen Testament zu begreifen und um einzusehen, in welchem leicht faßbaren und ganz vernünftigen Sinne das Wort (Logos) auf den Sohn Gottes angewendet werden konnte.

Ich gehöre nun durchaus nicht zu Denen, welche in allen diesen Fragen keine Schwierigkeiten zu sehen vorgeben. Im Gegentheil, ich habe mich Jahre lang mit ihnen gequält, und erinnere mich sehr wohl noch der Freude, als mir zuerst der wahre historische Sinn des Anfangs des vierten Evangeliums: „Im Anfang war das Wort," klar wurde. Ich schlug zwar keine Purzel=bäume wie das Pferdebürla, aber ich war doch sehr zufrieden. Ich halte also die Einwürfe des Pferdebürla durchaus nicht für unbegründet oder un=berechtigt; im Gegentheil, es wäre besser, wenn auch Andere mit derselben Offenheit sprechen wollten wie er, wenn auch ein ruhigerer Ton bei solchen Dingen viel wirksamer sein würde als das Fortissimo des Pferdebürla's.

Was mir am meisten bei der Lösung dieser religiösen oder theologischen Schwierigkeiten geholfen hat, war ein vergleichendes Studium der Religionen der Menschheit. So verschieden sie sind, so leiden sie doch alle an denselben Krankheiten, und wenn wir nun bei anderen Religionen dieselben Schwierig=keiten finden, an denen wir selbst laboriren, so liegt es nahe, sie als in der Natur des Menschen begründet zu betrachten, und in dieser menschlichen Natur, sei sie schwach oder stark, ihre Lösung zu suchen. Wie die vergleichende Philologie nachgewiesen hat, daß viele der unregelmäßigen Nomina und Verba wirklich die regelmäßigsten und ältesten sind, so gilt dies auch von den un=regelmäßigen, d. h. wunderbaren Ereignissen in der Religionsgeschichte. Wir können schon jetzt sagen, daß es ein Wunder wäre, wenn es irgendwo eine Religion ohne Wunder gäbe, oder wenn die Schriften, auf denen eine Religion gegründet ist, nicht als außergewöhnlich, als übermenschlichen, ja göttlichen Ursprunges und daher als unfehlbar von den Priestern hingestellt und von den Gläubigen angenommen worden wären. Bei allen diesen Dingen müssen wir zunächst nach den Gründen forschen, und auf diesem Wege sowohl die Wahrheit als den Irrthum zu begreifen suchen.

Ob nun der Beweis, daß die Welt vernünftig und daß der Geist das Prius der Materie, mir gelungen ist, darüber muß ich die Entscheidung dem Pferdebürla und seinen Freunden überlassen. Glücklicher Weise sind diese Fragen der Art, daß man darüber verschiedener Meinung sein kann, ohne sich gegenseitig zu verletzen. Viele Darwinianer, z. B. Romanes, ja selbst Huxley, haben sich immer für ganz gute Christen gehalten, so sehr sie auch die Lehre von Darwin für die allein seligmachende hielten. Kommen wir aber an Fragen, wie sie das Pferdebürla mir vorlegt, und die mehr mit der christ=lichen Theologie als der christlichen Religion zu schaffen haben, so wird der Ton sogleich ein anderer, namentlich wird leider die Verschiedenheit der Ansicht sogleich zu einer Verschiedenheit der Absicht. Man zieht sogleich das moralische Element herein und zeichnet die Andersgläubigen als Ungläubige, während man doch die Andersdenkenden nicht gleich zu Undenkenden stempelt. Hier liegt die große Schwierigkeit, über religiöse oder vielmehr über theologische Fragen gelassen zu denken und zu verhandeln. Fängt man nun gleich mit solchen Kraftsätzen an wie das Pferdebürla und viele seiner Genossen, so ist wenig Hoffnung auf ein gegenseitiges Verständniß. Er spricht gleich von der Trug= und Luggeschichte und von der Phantasterei der christlichen Religion.

Er sagt, er sei voll Mordgier gegen die jüdische Gottesidee und meint, daß nach den Schriften von Hume und Schopenhauer das positive Christenthum eine reine Unmöglichkeit geworden sei und dergleichen mehr. Dies ist nun allerdings fortissimo, aber deshalb durchaus nicht verissimo.

Andere Correspondenten, wie Agnosticus, erklärten, daß alle Offenbarung ein Unding sei; kurz an wegwerfenden Ausdrücken über das Christenthum, ja über alle geoffenbarte Religion, hat es nicht gefehlt.

Hier kann uns nun zuvörderst ein Blick auf die Entwicklung der Religion der Indier von großem Nutzen sein. Nirgends ist die Idee der Offenbarung so sorgsam ausgearbeitet worden als in ihrer Literatur. Die Indier haben eine massenhafte Literatur, die sich mit Religion und Philosophie beschäftigt, und sie unterscheiden sehr scharf zwischen offenbarten und nicht offenbarten Werken (Sruti und Smriti). Viel kommt hier auf den Namen an. Offenbar heißt ja doch ursprünglich nicht mehr als klar und offen, und wenn wir von einer Eröffnung sprechen, so ist dies im gewöhnlichen Leben nicht viel mehr als eine Mittheilung. Offenbaren wurde aber sehr bald in der speciellen Bedeutung einer Mittheilung eines übermenschlichen an ein menschliches Wesen gebraucht. Die Frage nach der Möglichkeit einer solchen Mittheilung kam dabei wenig in Betracht. Und doch hängt diese Möglichkeit natürlich von der Vorstellung ab, die man sich vorher von übermenschlichen Wesen überhaupt und von ihrem Verhältniß zu menschlichen Wesen gebildet hatte. So lange man sich die übermenschlichen Wesen so dachte, daß sie zuweilen auch menschliche Gestalt annehmen und sehr menschliche Dinge unternehmen konnten, so bot eine Mit= theilung von Nichtmenschen, ich will nicht Unmenschen sagen, an Menschen keine so große Schwierigkeit dar. Die Griechen gingen so weit, den Menschen früherer Zeiten einen näheren Umgang mit den Göttern zuzuschreiben. Doch bricht auch die Idee, daß Menschen den Göttern nicht zu nahe treten sollen, bei ihnen schon hier und da hervor, und Semele, die von Zeus in seiner ganzen Herrlichkeit umarmt sein wollte, fand ihren Untergang in dieser Entzückung. Sobald aber die Gottheit weniger menschlich aufgefaßt wurde, also wie z. B. im Alten Testament, wurde ein Verkehr zwischen Gott und den Menschen immer schwieriger. In der Genesis wird dieser Verkehr noch sehr einfach und vertraulich aufgefaßt, als wenn Gott im Garten des Paradieses umher wandelt und Adam und Eva sich in ihrer Nacktheit vor ihm schämen. Bald aber tritt eine höhere Vorstellung von Gott ein, so daß z. B. Moses (Exodus 33, 23) das Antlitz Jehova's nicht ansehen kann, aber doch wenigstens seine Rückseite noch anzublicken wagt. Der Verfasser des vierten Evangeliums geht noch weiter und erklärt (I, 18), daß Niemand jemals Gott gesehen, und daß nur der eingeborene Sohn, der in des Vaters Schoß ist, ihn uns ver= kündiget. Hier sehen wir also deutlich, wie die Möglichkeit eines Verkehrs der Menschen mit Gott und eine Offenbarung Gottes an die Menschen haupt= sächlich oder ausschließlich von der Idee abhängt, welche der Mensch sich vorher von Gott und Mensch gebildet hat. Dies müssen wir überhaupt bei allen theologischen Untersuchungen fest zu halten suchen, daß die Idee von Gott un sere Idee ist, die wir uns theils durch Ueberlieferung, theils durch eigenes

Denken gebildet haben, noch dürfen wir vergessen, daß das Sein eine wesent=
liche Eigenschaft dieser Gottesidee bildete, so sehr man auch gegen den onto=
logischen Beweis in späterer Zeit geeifert hat. Nach dem, was wir über das
wahre Verhältniß zwischen Denken und Sprechen gesehen haben, kann der
Name und somit die Idee von einem jeden göttlichen Wesen immer nur vom
Menschen gemacht sein. Gott ist und bleibt unser Gott. Wir können von ihm
nur aus unserem Innern, nicht durch die Sinne Kenntniß haben. Gott selbst
hat seinen Namen den Menschen so wenig mitgetheilt als die Fixsterne und die
Planeten, denen wir Namen gegeben haben, obgleich wir sie nur sehen, nicht
hören oder betasten können. Dies muß uns zuerst ganz klar sein, ehe wir von
der Möglichkeit oder Unmöglichkeit einer Offenbarung sprechen dürfen.

Nun ist es sehr nützlich, ehe wir zu unserer eigenen Idee einer von Gott
herrührenden Offenbarung kommen, uns bei anderen Völkern umzusehen, wie
sie zu der Idee einer Offenbarung gekommen sind. Wir sehen also in Indien,
daß sich eine Anzahl von Hymnen in einem alten Dialekt und in festen Metren
auf ganz wunderbare, aber dennoch historisch beglaubigte Weise, bevor von
schriftlicher Abfassung auch nur die Rede sein konnte, durch mündliche Ueber=
lieferung erhalten hat. Diese Hymnen enthalten sehr wenig, was für einen
gewöhnlichen menschlichen Dichter zu hoch oder zu tief scheinen könnte. Sie sind
von großem Interesse für uns, weil sie es uns so klar wie möglich machen, wie
die älteste arische Sprache geklungen hat, und was die ältesten arischen Götter
gewesen sind. Wie Professor Deussen in seiner werthvollen „Geschichte der
Philosophie" (Bd. I, S. 83) bemerkt, ist die vedische Religion, welche er zugleich
die älteste Philosophie nennt, so reich an Aufschlüssen wie keine andere der Welt.
In dieser Hinsicht nennt er das Studium des Rigveda sehr richtig die hohe
Schule der Religionswissenschaft, so daß, wie er sagt, Niemand, ohne ihn zu
kennen, über diese Dinge mitreden kann. Dieser einzige Vorzug beruht, wie
er richtig bemerkt, darauf, „daß der Proceß, auf dem ursprünglich alle Götter
beruhen, daß die Personification der Naturphänome, während sie von allen
anderen Religionen mehr oder weniger verdunkelt ist, im Rigveda sich noch
so zu sagen sichtbar oder handgreiflich vor unseren Augen vollzieht." Ich
habe dies lange vergeblich gepredigt. Alle, die den Rigveda studirt haben,
sagen dasselbe, Alle, die ihn nicht studirt haben, sagen ebenfalls dasselbe,
d. h. das gerade Gegentheil, und legen besonders viel Gewicht darauf, daß
sich in diesen Hymnen Ideen vorfinden, die sie ein für allemal für modern
erklären. Aber Niemand hat je behauptet, daß dies nicht so sei. Was
geschichtlich das Aelteste ist, kann ja von höherem Standpunkte aus ganz
modern sein, und es gibt Gelehrte, die sogar Adam für einen Reformator der
Menschheit halten. Die, welche den Rigveda am besten kennen, haben oft
nachgewiesen, daß derselbe sich schon auf einer ziemlich fortgeschrittenen Stufe
befindet und hier und da einen weiten Blick in seine eigene Vergangenheit
thun läßt! Ich selbst habe oft gesagt, daß ich viel darum geben würde, wenn
ich meinen eigenen Beweisen vom Alter der Sammlung der Hymnen entgehen
und klar nachweisen könnte, daß wenigstens einige dieser vedischen Hymnen
später hinzugefügt worden seien.

Dieſe Hymnen alſo, eben weil ſie, nach Sprache und Metrum zu urtheilen, älter als alles Andere in Indien, ja in der ganzen ariſchen Welt waren, und weil ſie ſich hauptſächlich mit den alten Naturgöttern beſchäftigten, erſchienen den Indiern ſelbſt als apaurusheya, d. h. nicht von Menſchenhand gemacht. Man nannte ſie Sruti, das Gehörte, im Unterſchied von anderer Literatur, die man als Smriti oder Erinnerung bezeichnete.

Dies iſt Alles ganz verſtändlich. Nun entſtand aber nach einiger Zeit, während welcher das wahre Verſtändniß der Hymnen bedeutend verdunkelt worden war, eine zweite Schicht von Werken, die ſogenannten Brâhmanas. Dieſe ſind ſehr verſchieden von den Hymnen. Sie ſind in einer jüngeren Sprache und in Proſa abgefaßt. Sie behandeln das in Indien ſo bedeutungs= volle Opfer, bei dem die Hymnen angewendet wurden, und welches mir urſprünglich chronometriſche und ſomit culturhiſtoriſche Zwecke gehabt zu haben ſcheint, erklären den Sinn der Hymnen, oft entſchieden ganz miß= verſtändlich, enthalten aber einige intereſſante Aufſchlüſſe über den Zuſtand Indiens lange nach der Entſtehungsperiode der Hymnen und doch vor der Entſtehungsperiode des Buddhismus, im ſechſten Jahrhundert v. Chr. Man hat gemeint, daß, weil die Brâhmanas in Proſa abgefaßt ſind, ſie urſprünglich geſchrieben ſein müſſen, nach der Wolf'ſchen Hypotheſe, daß Proſa überall Kunde der Schrift vorausſetze. Ich kann das für Indien nicht zu= geben, wenigſtens zeigt ſich keine Spur von Bekanntſchaft mit Schrift in dieſer ganzen, ziemlich umfangreichen Maſſe von Literatur. Es war eine durch= aus mnemoniſche Literatur, und eben weil es an Schrift fehlte, wurde das Gedächtniß in einer Weiſe cultivirt, von der wir keine Idee haben. Jeden= falls wußten die Brahmanen ſelbſt nichts von einer ſchriftlichen Abfaſſung der Brâhmanas und begriffen ſie mit den Hymnen unter dem Namen Veda und Sruti, d. h. ſie hielten ſie, wie wir ſagen würden, für offenbart, für nicht von Menſchenhand gemacht.

Das Merkwürdige iſt aber, daß ſie durchaus nicht, wie etwa die Römer im Falle von Numa und Egeria, eine Mittheilung aus dem Munde der vediſchen Naturgötter an die gewöhnlichen Menſchen annahmen, ſondern ſich damit begnügten, zu erklären, der Veda ſei geſehen worden von den Rishis, deren Namen, Rishi, ſie etymologiſch als Seher erklärten.

Es iſt alſo klar, daß, was die Brahmanen ſelbſt unter Sruti verſtanden, nichts weiter war als Literatur, verfaßt in einer alten Sprache (denn auch die Brâhmanas ſind in ihrer Sprache alterthümlich, wenn auch nicht ſo ſehr als die Hymnen), und mit Dingen beſchäftigt, für welche anſcheinend der Menſch allein keine Autorität bilden konnte. Denn wie konnte der ge= wöhnliche Menſch ſich anmaßen, über die Götter zu ſprechen oder Vorſchriften über das Opfer zu geben, Verſprechen über Belohnungen frommer Werke zu machen, oder gar zu beſtimmen, was moraliſch recht oder unrecht ſei? Hierzu gehörte eine mehr als menſchliche Autorität, und ſo erklärte man denn die Brâhmanas ſowohl als die Hymnen für apaurusheya, d. h. nicht menſchlich, aber durchaus nicht als göttlich, in dem Sinne als ſeien ſie von einem der Devas mitgetheilt.

Wir sehen also, daß die Idee der Sruti, so nahe sie auch als apaurusheya, d. h. nicht = menschlich, unserer Idee von Offenbarung kommt, doch sich nicht ganz mit derselben deckt. Was alt und unbegreiflich war, wurde übermenschlich, bald auch unfehlbar und unanfechtbar genannt. Sehen wir uns bei anderen Religionen um, so finden wir, daß der Buddhismus dem Veda jede Autorität absprach und überhaupt nach seinem Charakter jede Idee von übermenschlicher Offenbarung ausschloß. Auch in China sehen wir uns vergebens nach Offen= barung um. In Palästina finden wir jedoch die Ansicht, daß der Herr selbst mit Moses sprach, und daß dieser die Befehle des Herrn an Israel über= lieferte, ja die Tafeln des Gesetzes sollten von Gottes eigenen Fingern auf beiden Seiten geschrieben worden sein, zu einer Zeit, wo so viel wir wissen, es noch keine Schrift oder wenigstens keine schriftliche Literatur gab. Diese beiden Dinge, die man so oft vermischt, sind himmelweit von einander ge= schieden. Die Idee, daß das ganze Alte Testament von Jehovah verfaßt oder offenbart sei, ist durchaus nicht altjüdisch, so viel Respect man auch den heiligen Büchern, als in der Synagoge anerkannt, erwies.

Was den Islam betrifft, so wird der Koran als dem Mohammed vom Engel Gabriel mitgetheilt betrachtet, ebenso wie Zoroaster im Avesta gewisse Mittheilungen im Gespräch mit Ahuramazda erhalten haben will.

Im Christenthum nun, in dessen Geschichte die Offenbarungstheorie eine so große Rolle gespielt hat, gibt es eigentlich, was so oft vergessen wird, gar keine von Christus oder den Aposteln selbst herrührende Aussprache über diesen Gegenstand. Daß die Evangelien, wie wir sie besitzen, offenbart seien, ist nirgends in ihnen selbst gesagt, noch kann es von der Apostelgeschichte oder den Episteln gelten. Niemand hat bis jetzt noch behauptet, daß irgend welche Schrift des Neuen Testaments Christus oder selbst den Aposteln bekannt war. Im Gegentheil, wenn wir die Titel der Evangelien in ihrer natürlichen Be= deutung nehmen, so geben sie sich nicht einmal, als von Matthäus, Marcus, Lucas und Johannes selbst niedergeschrieben aus, sondern einfach als die heilige Geschichte, wie sie je nach jedem dieser Männer von Anderen niedergeschrieben worden ist. Man hat zwar das κατά, nach, according to, wegdisputiren wollen, als ob es auch von bedeuten könne, es ist aber natürlicher, es in seinem gewöhnlichen Sinn zu nehmen. Wenn Paulus im zweiten Brief an Timotheus (III, 16) sagt, daß alle Schrift von Gott eingehaucht sei, so ist das der gewöhnliche Ausdruck für die Schriften des Alten, nicht des Neuen Testaments (Joh. V, 39), und würde außerdem nur inspirirt, eingehaucht, nicht in jedem Worte und jeden Buchstaben offenbart bedeuten.

Jedenfalls lernen wir also so viel von einem vergleichenden Studium der Religionen, daß die meisten ihre heiligen Schriften haben, die gewöhnlich das Aelteste sind, was sie überhaupt von Literatur, mündlicher oder schriftlicher, besitzen, daß sie die Verfasser dieser Schriften als außergewöhnliche, ja über= menschliche Wesen betrachten, und daß die späteren Theologen dann, namentlich um jeden Zweifel an die Wahrheit dieser Schriften beim Volke ein für allemal abzuschneiden, die künstlichsten Theorien ersannen, wie diese Werke nicht von Menschen gemacht, sondern nur geschaut, ja wie schließlich sogar die

Worte und die Buchſtaben des Originaltextes gewiſſen Individuen dictirt worden
ſeien. Man meint alſo, daß die Gottheit ſich herabgelaſſen habe, Hebräiſch
oder Griechiſch zu ſprechen im Dialecte der jedesmaligen Zeit, und daß deshalb
an keinem Buchſtaben, an keinem Accent gerüttelt werden dürfe.

Dies würde uns allerdings die Sache ſehr leicht machen, und eben deshalb
hat wohl dieſe Theorie ſo viele Anhänger gefunden. Es iſt nur merkwürdig,
daß kein Gründer irgend welcher Religion je die Nothwendigkeit gefühlt zu
haben ſcheint, etwas von ihm ſelbſt Geſchriebenes der Mit= und Nachwelt zu
hinterlaſſen. Niemand hat je zu beweiſen geſucht, daß Moſes Bücher geſchrieben,
auch von Chriſtus hat Niemand geſagt, daß er je ein Buch verfaßt habe
(Johannes VII, 15). Daſſelbe gilt von Buddha, trotz der Legende über die
Alphabete, und von Mohammed wiſſen wir von ihm ſelbſt, daß er weder leſen
noch ſchreiben konnte. Was wir alſo an heiligen Schriften beſitzen, iſt immer
das Erzeugniß einer ſpäteren Generation und ſomit allen ſolchen Zufällig=
keiten ausgeſetzt geweſen, wie ſie die mündliche Ueberlieferung mit ſich bringt.
Dies war nicht zu vermeiden und ſollte uns eigentlich gar nicht in Erſtaunen
ſetzen. Wenn wir es nur ſelbſt verſuchen, Begebenheiten und Geſpräche, deren
Zeugen wir vor fünfzig Jahren waren, ohne Hülfe von Büchern oder Auf=
zeichnungen, niederzuſchreiben, ſo werden wir ſehen, wie ſchwer es iſt, und wie
unzuverläſſig unſere Erinnerung. Wir können dabei ganz wahrhaft ſein, aber
es folgt durchaus nicht, daß wir auch wahr und zuverläſſig ſind. Verſuche
es doch Jemand, die Ereigniſſe des preußiſch=öſterreichiſchen Krieges ohne Be=
nutzung von Büchern zu beſchreiben, und er wird ſehen, wie beim beſten Willen
die Namen und Jahreszahlen wanken und ſchwanken. Wann erwählte die
deutſche Nationalverſammlung den deutſchen Kaiſer? Wer waren die Mit=
glieder der Reichsregentſchaft? Wer war Heinrich Simon, und gab es nur
einen Simon oder mehrere, ſo wie es neun Simon's im Neuen Teſtament
gibt? Wer kann dieſe Fragen jetzt ohne Zeitungen beantworten, und doch
ſind dieſe Dinge nur fünfzig Jahre alt und waren zur Zeit uns Allen genau
bekannt. War es mit den Chriſten um 50 p. Chr. ganz anders? Wenn man
deshalb, wie Einige thun, für die Niederſchreiber der Evangelien eine gewiſſe
Inſpiration oder bevorzugte Stellung verlangte, ſo war das ſehr natürlich;
es geſchieht aber auf eigene Verantwortung hin, ebenſo als wenn man für die
Mutter von Maria dieſelbe unbefleckte Geburt verlangte wie für Maria ſelbſt,
et ſic ad infinitum. Das ſind meiſtens nur Entſchuldigungen für menſchlichen
Unglauben. Nichts beweiſt die Wahrhaftigkeit der Verfaſſer der Evangelien
ſo klar, wie die natürlichen, ja oft herabſetzenden Worte, die ſie von ſich ſelbſt
oder vielmehr von den Apoſteln gebrauchen. Dieſe verſtanden, wie ſie ſagen,
die einfachſten Gleichniſſe und Lehren nicht, ſie eiferten unter einander, Petrus
verleugnete ſogar den Herrn; kurz, von Sündloſigkeit und Unfehlbarkeit iſt
bei den Verfaſſern der Evangelien ſelbſt gar keine Rede, vorausgeſetzt, daß es
wirklich die Apoſtel waren.

Waren ſie es nicht, ſo ſchwinden alle von uns ſelbſt gemachten Schwierig=
keiten. Wir finden dann in den Evangelien gerade das, was wir zu erwarten
hatten. Nicht künſtlich bearbeitete Darſtellungen, ohne Abweichungen und ohne

Widersprüche mit einander, sondern einfache, natürliche Berichte, wie sie damals, von der ersten bis zur dritten Generation, in gewissen Kreisen oder Orten im Laufe waren, je nachdem gewisse Familien den persönlichen Mittheilungen des einen oder des anderen der Apostel sich angeschlossen hatten. Wir müssen nicht vergessen, daß in der ersten Generation die Nothwendigkeit einer Aufzeichnung noch gar nicht gefühlt wurde. Die Kinder wurden noch jüdisch erzogen, denn das Christenthum wollte ja nicht zerstören, sondern nur erfüllen; und da die ganze Schrift, d. h. das Alte Testament, von Gott stammte und zum Unterricht gut war, so brauchte man es eine Zeit lang als Lehrbuch, ohne alle Hintergedanken. Als aber in der zweiten und dritten Generation der Bruch zwischen Juden und Christen größer und größer wurde und die Zahl Derer, welche Christus und die Apostel gekannt hatten, kleiner und kleiner, da mußte sich das Bedürfniß von Lehrbüchern, namentlich für die Erziehung der Kinder, fühlbarer machen, und so entstanden wohl die vier Evangelien auf ganz natürliche Weise, und einem ganz natürlichen, ja unabweislichen Bedürfniß entsprechend. Die Schwierigkeiten, die bei Annahme einer Inspirationstheorie aus jedem, auch dem geringsten Widerspruch zwischen den Evangelien entstehen würden, fallen dann ganz von selbst weg; ja die Abweichungen zwischen ihnen werden uns willkommen, weil sie jede Idee von einem absichtlichen Abkommen gänzlich ausschließen und uns gerade das geben, was wir, den historischen Verhältnissen nach, erwarten würden. Was schadet es z. B., daß Matthäus (VIII, 28), wenn er die Austreibung der Teufel im Lande der Gergesener erzählt, von zwei Besessenen spricht, während Marcus (V, 2) nur von einem Besessenen weiß. Auch spricht Marcus nur von unreinen Geistern, Matthäus schon von Teufeln. Marcus und Lucas kennen den Namen des Besessenen, nämlich Legion, Matthäus erwähnt den römischen Namen nicht. Dies sind ganz gleichgültige Dinge bei rein menschlichen Ueberlieferungen und Aufzeichnungen; bei göttlichen Offenbarungen wären sie schwer zu erklären.

Noch schwerer aber wird es, wenn wir zu wirklich bedeutenden und für das Christenthum wesentlichen Aussprüchen kommen, denn selbst bei ihnen finden wir Abweichungen. Was kann bedeutender sein als die Stelle, in der Christus seine Schüler fragt, für wen oder für was sie ihn halten, und Petrus antwortet: Du bist der Messias (Marcus VIII, 29). Das war rein jüdisch-christlich gedacht, und Jesus nimmt es an als die volle Wahrheit, die aber noch geheim gehalten werden sollte. Bei Matthäus (XVI, 16) sagt Petrus nicht nur: Du bist der Messias, sondern fügt hinzu: der Sohn des lebendigen Gottes. Dies macht einen gewaltigen Unterschied, und das Merkwürdige ist, daß Jesus den Schülern später nur gebietet, es geheim zu halten, daß er Jesus der Messias (XVI, 20) sei, und dabei nichts von sich als dem Sohne Gottes sagt. Von anderen Discrepanzen an dieser Stelle, namentlich von der Verheißung der Gründung der Kirche auf diesen Felsen (Petrus), die sich nur bei Matthäus (XVI, 18) findet, ist so viel geschrieben worden, daß wir hier nichts mehr darüber zu sagen haben, es sei denn, daß bei Marcus Jesus gerade an dieser Stelle den Petrus schilt, weil er mehr an die Welt als an Gott denke, wie so manche seiner späteren Nachfolger.

Bedenken wir nun auch, daß für Niederschreiben der meisten der in den Evangelien erzählten Dinge wahrhaftig weder Offenbarung noch selbst begeisterte Inspiration nothwendig war. Je weniger, desto besser; denn entweder wußten die Zeugen, daß Pilatus zur Zeit Statthalter in Palästina, daß Kaiphas Hoher Priester, daß Jairus einer der Vorsteher der Synagoge war, oder sie wußten es nicht, und dann können wir doch, ohne ehrfurchtslos zu sein, nicht annehmen, daß solche Dinge ihnen von Gott offenbart worden seien. Wenn aber ein Theil der Evangelien, der historische, unmöglich von Gott eingegeben oder bestätigt sein konnte, warum dann der andere, der die Lehre Christi ent= hielt? Ist es nicht viel besser, viel ehrlicher und zuverlässiger, daß die Ver= fasser uns dieselbe, so wie sie sie selbst kannten und verstanden, mittheilten (und daß sie dieselbe zuweilen falsch auffaßten, das haben sie ja ganz ehrlich selbst gesagt), als daß sie dazu auf übernatürliche Weise inspirirt, ja daß ihnen dazu eine Offenbarung in Form einer Theophanie zu Theil geworden wäre? Durch solche schwache, menschliche Ideen ziehen wir das Wirkliche, das wirklich Göttliche nur in den Staub, und von wem stammen denn überhaupt solche Ideen einer göttlichen Eingebung, ja einer göttlichen Offenbarung her, wenn nicht von Menschen, wie sie überall waren, sei es in Indien, sei es in Judäa? Ueberall ist das Natürliche göttlich, das Uebernatürliche oder das Wunder menschlich.

Selbst für die Apostel und für die Verfasser der Evangelien gab es nur eine Offenbarung, das war die Offenbarung durch Christus, und diese hat einen ganz anderen Sinn. Um dies zu verstehen, müssen wir aber auf das, was wir von den geistigen Bewegungen der damaligen Zeit wissen, hinblicken. Es gab im jüdischen Volke zwei große Erwartungen. Die eine alte, rein jüdische, die Erwartung des Messias, des Gesalbten (Christos), der das auserwählte und geknechtete Volk Israel politisch oder geistig befreien sollte. Die andere war auch jüdisch, aber von griechischer Philosophie durchquickt, die Erkennung des Wortes (Logos), als des Sohnes Gottes, der die Menschheit mit Gott versöhnen oder vereinigen sollte. Die erste spricht sich am deutlichsten, aber durchaus nicht ausschließlich, in den drei sogenannten synoptischen Evangelien aus, die zweite im sogenannten Evangelium des Johannes. Das Merkwürdige ist nur, daß diese anscheinend so weit von einander abweichenden Ideen sich oft in den Evangelien vereinigt finden. Die Idee, daß ein Mensch der Sohn Gottes sein kann, war ja vom streng jüdischen Standpunkt aus Gotteslästerung, und es war eben deshalb die letzte Frage des Hohenpriesters: „Ich beschwöre dich bei dem lebendigen Gott, daß du uns sagst, ob du seiest Christus, der Sohn Gottes" (Matth. XXVI, 63). Der jüdische Messias sollte ja nie der Sohn Gottes, das Wort, im christlichen Sinne des Wortes, sein, sondern nur etwa in dem Sinne, in welchem viele Völker Gott den Vater der Menschen genannt haben. In diesem Sinne sagen auch die Juden (Joh. VIII, 4): „Wir haben einen Vater, nämlich Gott," während sie vor der Idee einer göttlichen Sohn= schaft des Menschen entsetzt zurückschrecken. Der Messias sollte nach jüdischer Ansicht der Sohn David's sein (Matth. XXII, 42), wie auch das Volk Jesus genannt zu haben scheint (Marcus X, 47; XV, 39), und um diese Ansicht zu widerlegen, sagte Christus selbst in einer historisch sehr bedeutungsvollen Stelle:

„Wie nannte David im Geiste den Messias Herr, indem er sagte: Der Herr hat gesagt zu meinem Herrn: Setze dich zu meiner Rechten, bis daß ich lege deine Feinde zum Schemel deiner Füße. So nun David ihn Herr nennt, wie ist er sein Sohn?" Mit diesen Worten lehnte offenbar der wahre Messias seine königliche Abstammung von David ab, indem er zugleich eine weit höhere für sich in Anspruch nahm. Wozu nützt es also, daß der Verfasser des Evangeliums im ersten Capitel sich so viel Mühe gibt, Joseph genealogisch von David abzuleiten, trotzdem daß er ja Joseph selbst durchaus nicht als den leiblichen Vater von Jesus hinstellt?

Dies sind Widersprüche, wie sie in einer von verschiedenen geistigen Strömungen stark erregten Zeit ganz begreiflich sind, in einem offenbarten oder göttlich inspirirten Buche aber unerträglich wären. Alles wird verständlich, klar und frei von Widersprüchen, wenn wir in den synoptischen Evangelien das sehen, was sie selbst sein wollen, Erzählungen von dem, was in gewissen Kreisen von der Lehre Christi und von seiner Person schon lange erzählt und geglaubt worden war. Ich sage, was sie selbst sein wollen; denn können wir wohl glauben, daß, wenn den Verfassern wirklich eine wunderbare Erscheinung zu Theil geworden, wenn jedes Wort und jeder Buchstabe ihnen zugeflüstert worden wäre, sie dies nie erwähnt haben würden? Sie erzählen doch so viele Wunder, warum gerade dieses nicht, das größte von allen? Aber es ist nicht genug, daß sie keine wunderbare Mittheilung für sich und ihre Werke beanspruchen. Lucas sagt mit deutlichen Worten, was der Charakter seines Evangeliums ist: „Sintemal sich viel unterwunden haben, zu stellen die Rede von den Geschichten, so unter uns ergangen sind, wie uns das gegeben haben, die es von Anfang selbst gesehen, und Diener des Wortes (Logos) gewesen sind, habe ich's auch für gut angesehen, nachdem ich Alles vom Anbeginne mit Fleiß erkundet habe, daß ich's dir, mein guter Theophilus, ordentlich schreibe, auf daß du gewissen Grund erfahrest der Lehre, in welcher du unterrichtet bist."

Was kann klarer sein? Theophilus hatte offenbar eine nicht sehr systematische christliche Erziehung erhalten, so wie sie eben unter damaligen Verhältnissen möglich war. Es gab, wie Lucas sagt, schon mehrere Schriften über die Dinge, welche unter den Christen allgemein geglaubt wurden. Damit aber Theophilus eine zuverlässige Kenntniß derselben habe, entschließt sich sein Freund, er sei nun Lucas oder wer er sonst wolle, ihm diese Dinge in guter Ordnung mitzutheilen, wie sie ihm überliefert worden, ohne zu behaupten, daß er selbst von Anfang an ein Augenzeuge derselben und ein Diener des Wortes gewesen sei. Es ist also klar, daß sich der Verfasser auf eine Ueberlieferung von Augenzeugen beruft, und daß er Alles selbst mit Fleiß erkundet hatte. Ist es wohl glaublich, daß er eine Offenbarung oder gar Theophanie nicht erwähnt haben würde, wenn ihm eine solche zu Theil geworden? Auch legt er Gewicht darauf, daß Alles wohlgeordnet sei, was wohl andeutet, daß in der Reihenfolge der Begebenheiten schon damals dieselben Abweichungen stattfanden, wie wir sie in den vier Evangelien bemerken, von den zahlreichen apokryphischen Evangelien gar nicht zu sprechen. Dies ist nun Alles gerade so, wie wir es als Historiker erwarteten, ja wie es kaum anders sein konnte.

Die gute Kunde von Christus mußte zuerst den dialogischen Proceß, den Gährungsproceß der mündlichen Ueberlieferung durchmachen; dann folgte der Niederschlag der schriftlichen Abfassung, und das ist, was wir haben, von den Verderbnissen der Abschreiber gar nicht zu sprechen. Es ist schwer zu begreifen, wie es hätte anders sein können, und doch wollen wir uns mit diesen Thatsachen nicht begnügen, und meinen, wir hätten es selbst weit besser machen können.

Wenn wir die synoptischen Evangelien einzeln durchnehmen, so sehen wir bei Lucas die vollständigste und wohl jüngste Reihenfolge aller wichtigen Begebenheiten; bei Marcus die kürzeste und wohl ursprünglichste Abfassung, die nur, was ihm unbestritten oder am wichtigsten erschien, enthält, bei Matthäus hingegen offenbar die Ueberlieferung, wie sie sich bei Judenchristen und Messiasgläubigen gebildet und festgesetzt hatte.

Wenn wir zu der Zeit schon von Gemeinden sprechen dürfen, so war die Gemeinde, in welcher und für welche das erste Evangelium bestimmt war, offenbar eine aus bekehrten Juden bestehende, welche in Jesus ihren lang er- warteten Messias oder Christus anerkannt hatten und demnach überzeugt waren, daß Alles, was man vom Messias erwartet hatte, auf diesen Jesus zutreffe. Sie gingen noch weiter. Nachdem man einmal überzeugt war, daß Jesus der Messias gewesen, so hatten sich viele Ueberlieferungen gebildet, die ihm zu- schrieben, was er, wenn er der Messias war, gethan haben mußte. Dies ist der durchgehende Charakter des ersten Evangeliums, wie sich Jeder, der es aufmerksam liest, leicht überzeugen kann. So nur erklärt sich die so oft und ohne alle Hehl wiederkehrende Aeußerung, daß dies und dies geschehen sei, „denn so war es geschrieben, und so war es gesagt vom Propheten.“ Jede Idee von einer absichtlichen Erfindung der messianischen Erfüllungen, wie man sie so oft aufgestellt hat, fällt bei unserer Auffassung der Entstehung der Evangelien von selbst weg. Es mußte so sein, dachten die Leute, und bald erzählten sie sich und ihren Kindern, daß es so gewesen sei, und zwar ganz bona fide, da ja sonst Jesus nicht der erwartete Messias gewesen sein könnte.

Gehen wir das Evangelium des Matthäus von diesem historischen Stand- punkt aus im Einzelnen durch, so fängt es an mit einer ganz unnöthigen Genealogie Joseph's, des angeblichen Vaters von Jesus. Dann folgt die Ge- burt, und diese wird begründet in Vers 22: „Alles dieses geschah, damit er- füllet werde, was der Herr durch den Propheten gesagt hat,“ nämlich Jesaias (VII, 14): „Siehe, eine Jungfrau ist schwanger, und wird einen Sohn gebären, den wird sie heißen Immanuel.“ Das bedeutet doch einfach, daß es der erst- geborene Sohn sein wird, und daß man ihn „Gott mit uns“ nennen wird, also durchaus nichts Außergewöhnliches.

Dann wird erzählt, daß die Geburt in Bethlehem stattfand, und daß die Weisen aus dem Morgenlande den Stern über Bethlehem sahen, auch wieder, weil der Prophet geschrieben, daß der Herrscher von Israel aus Bethlehem kommen solle.

Dann, wenn die Flucht von Joseph und Maria mit dem Christuskinde nach Aegypten erzählt wird, folgt wieder in V. 15, damit erfüllet werde, was vom Propheten gesagt worden: „Aus Aegypten habe ich meinen Sohn gerufen.“

Der Kindermord von Bethlehem, so viele Schwierigkeiten er auch in den Augen der Historiker hat, wird B. 17 vollständig motivirt durch Worte, welche Jeremias, der Prophet, gesprochen: „Auf dem Gebirge hat man ein Geschrey gehört, viel Klagens, Weinens und Heulens. Rahel beweinet ihre Kinder, und wollte sich nicht trösten lassen, denn es war aus mit ihnen."

Später, als Joseph mit dem Kinde zurückkehrt und nach Nazareth zieht, so wird auch dieses (B. 23) erklärt durch die Worte des Propheten, der gesagt, er solle ein Nazarener genannt werden.

Ueber die falsche Auffassung der Worte des Propheten, als ob ein Nazarener ein Einwohner von Nazareth sei, will ich hier gar nichts sagen. Alles, selbst solche volksthümliche Mißverständnisse, wird von unserem Standpunkt aus ganz verständlich und zeigt nur, wie überzeugt das Volk war, daß Jesus der Messias gewesen und deshalb Alles erfüllet haben müsse, was vom Messias erwartet worden war. Uns mögen diese Erfüllungen der Prophezeiungen nicht sehr überzeugend klingen; als Darstellung der Ideen, die damals das Volk beherrschten, und als Beweis des Umsichgreifens des dialogischen Processes sind sie aber für den Geschichtsforscher sehr wichtig.

Auch das Auftreten von Johannes dem Täufer wird sogleich (III, 3) durch Hinweisung auf prophetische Worte erklärt. Und wenn, wie das ganz verständlich war, Jesus, nach der Gefangennahme des Johannes, seinen Aufenthalt verließ, um nach Capernaum zu ziehen, so soll auch dies (B. 4, 14—16) geschehen sein, damit gewisse Worte des Jesaias erfüllt wurden.

Dann folgt im fünften bis siebenten Capitel der wirkliche Kern der christlichen Lehre in der Bergpredigt, und die Verkündigung des kommenden Reiches Gottes auf Erden. Hier verlangen wir nichts als eine treue Darstellung, wie sie ein Apostel oder seine Schüler vollkommen im Stande waren, uns zu geben; wir brauchen keine wunderbare Inspiration dazu: im Gegentheil, sie würde uns die Glaubwürdigkeit des Referenten nur beeinträchtigen. In den nächsten Capiteln lesen wir von den Werken, die Jesus that, und die sehr bald als Wunderthaten vom Volke aufgefaßt wurden, während an einer anderen Stelle der Evangelist die Vergebung der Sünden höher stellt als alle Wunderthaten, als alles Heilen von Kranken, und selbst dieses als eine Macht erklärt, welche Gott dem Menschen gegeben hat (IX, 8). Jesus selbst macht seine heilende Kraft oft von dem Glauben der zu Heilenden abhängig, und von miraculösen Künsten ist bei ihm eigentlich nie die Rede (IX, 28). Dann folgen die Einsetzung und die Aussendung der Jünger und bald darauf die für dieses Evangelium so bedeutenden Worte (XI, 27): „Alle Dinge sind mir übergeben von meinem Vater, und Niemand kennt den Sohn, denn nur der Vater; und Niemand kennet den Vater, denn nur der Sohn und wem es der Sohn will offenbaren." Hier haben wir in kurzen Worten den wahren Geist, die wahre Inspiration der Lehre, die Christus verkündigte, daß er nicht nur der Messias oder der Sohn David's war, sondern der wirkliche Sohn Gottes, der Logos, den Gott gewollt, indem er den Menschen wollte, der höchste Gedanke Gottes, die höchste Offenbarung Gottes, die den blinden Menschen in Jesus zu Theil geworden. Wir können darüber nicht so richtig urtheilen wie die, welche Jesus in seiner leiblichen Existenz sahen und kannten, und alle Vollkommenheiten, namentlich in seinem Leben und Handeln, in ihm fanden, deren die menschliche Natur überhaupt fähig ist. Wir müssen uns hier auf das Zeugniß seiner Zeitgenossen verlassen, die keine Veranlassung hatten, in ihm, dem Sohn des Zimmermanns, das göttliche Ideal des Menschen auf Erden verwirklicht zu entdecken, wenn dieses Ideal nicht verwirklicht in ihm vor ihren Augen im Fleische gestanden hätte. Was ist das wahre Christenthum, wenn nicht der Glaube an die göttliche Sohnschaft des Menschen, wie sie die griechischen Philosophen wohl geahnt, aber nie verwirklicht auf Erden gesehen hatten? Hier ist der Punkt, wo die beiden großen Geistesströmungen der arischen und der semitischen Welt zusammen= fließen, indem der von den Juden lang erwartete Messias als Logos, als wirk= licher Sohn Gottes erkannt wurde und jedem Menschen durch ihn die Möglichkeit eröffnet oder offenbart ward, das zu werden, was er immer gewesen war, aber was er nie vorher erkannt hatte, der höchste Gedanke, das Wort, der Logos, der Sohn. Wissen heißt hier Sein. Ein Mensch kann ein Prinz, der Sohn eines Königs sein, wenn er es aber nicht weiß, so ist er es nicht. Ebenso war der Mensch seit aller Ewigkeit der Sohn Gottes, aber bis er es wirklich wußte, war er es nicht. Die Referenten in den synoptischen Evangelien erkennen die göttliche Sohnschaft des Menschen nur selten ganz klar, da für sie das praktische Element im Christenthum vorwiegend war, aber schließlich muß alles Prak= tische auf Theorie oder Glauben begründet sein. Unsere Pflichten gegen Gott und den Menschen, unsere Liebe zu Gott und bei den Menschen sind nichts ohne die feste Unterlage, die allein der Glaube an Gott bildet, als den Denker und Lenker der Welt, den Vater des Sohnes, der durch ihn offenbart wurde, als Vater aller Söhne, aller Menschen. Solche Sätze sind besonders bedeutend bei den Synoptikern, weil es scheinen könnte, als hätten sie das tiefste Geheimniß der Offenbarung Christi gar nicht erkannt, sondern sich begnügt mit dem rein praktischen Theile seiner Lehre. Bald darauf, wenn Jesus wieder seine Heilkraft unter dem Volke bewährt und die Pharisäer ihn befeinden, da das Volk mehr und mehr geneigt war, in ihm den Sohn David's anzuerkennen, erklärt der Evangelist wieder (12, 17), daß dies Alles geschehen sei, damit die Worte des Propheten Jesaias erfüllet würden: „Siehe, das ist mein Knecht, den ich erwählet habe, und mein Liebster, an dem meine Seele Wohlgefallen hat. Ich will meinen Geist auf ihn legen, und er soll den Heiden das Gericht verkündigen." Dann folgen viele von den schönsten und tiefsten Parabeln, welche die Geheimnisse der Lehre Christi enthalten, und von denen einige, wie wir lesen, und durchaus nicht die dunkelsten, selbst den Jüngern unverständlich blieben. Sein Ruhm war damals schon so gestiegen, daß, als er in seinen eigenen Geburtsort zurückkam, die Leute es kaum glauben wollten, daß er derselbe sei als der Sohn des Zimmermanns, daß seine Mutter Maria heiße, seine Brüder Jakobus, Joses, Simon und Judas, die, wie seine Schwestern, noch alle am Leben waren. Doch konnte er unter den Seinigen wenige Thaten vollbringen. Es heißt dann weiter, daß, als Herodes den Johannes habe enthaupten lassen, Jesus sich wieder an einen einsamen Ort zurückzog, doch wohl um den Verfolgungen des Herodes aus dem Wege zu gehen. Dann folgen die wirklich wichtigen Capitel, voll von Lehren und von Parabeln, die diese Lehren beleuchten und dem Volke näher bringen sollten. Hier erwarten wir natürlich keine Berufung auf die Propheten, im Gegentheil finden wir hier oft ein sehr kühnes Hinausgehen über das alte Gesetz oder eine höhere Auffassung der alten jüdischen Lehren. Sobald wir aber wieder zu That= sachen kommen, wie die letzte Reise nach Jerusalem und die Gefangennahme Jesu durch den Verrath des Judas, sogleich kommen die Worte wieder, daß Alles dies geschah, damit die Schrift erfüllet werde (26, 54). Ja Jesus selbst, als er den Jüngern gebietet, keinen Widerstand zu leisten, soll die Worte hinzugefügt haben: „Denn wie sollten sonst die Schriften der Propheten erfüllt werden, daß es so sein muß," was sich offenbar auf die berühmte Prophezeiung des Jesaia im 53. Capitel bezieht. Selbst die dreißig Silberlinge, welche Judas für seinen Verrath erhielt, werden als nothwendig erachtet, damit eine Prophe= zeiung des Jeremias ihre Erfüllung erhalte. Diese Prophezeiung scheint sich aber gar nicht bei Jeremias zu finden und muß demnach bei Zacharias (11, 12—13) gesucht werden. Eine solche Verwechselung konnte im Volke, welches den Text der Propheten nicht genau kannte, wohl stattfinden. Hier ist sie also ganz unverfänglich; wie wäre dies aber bei einem offenbarten Evangelium möglich? Wenn später bei der Kreuzigung der Rock Jesu getheilt wird, kommt gleich wieder eine Erinnerung, diesmal an einen Psalm (22, 19), in welchem der Dichter von sich selbst sagt, daß seine Gegner seine Gewänder unter sich theilten, vom Messias aber keine Rede ist. Eine solche Anwendung in Worten des Psalms auf Jesus ist bei der damaligen Stimmung des jüdischen Volkes ganz begreiflich. Wenn sie einmal sich überzeugt hatten, daß Jesus der Messias oder der Christ sei, so mußten ja alle Ereignisse im Leben und Sterben Jesu sie an die Vorhersagungen erinnern, die seit Jahren im Umlauf waren und im Volke die Hoffnung auf seinen Erlöser lebendig erhielten. Sie ge= brauchten solche Einzelheiten wahrscheinlich, um sich selbst und Andere mehr und mehr zu überzeugen, daß Jesus wirklich der Messias war. Dies ist Alles vollkommen natürlich und verständlich; nehmen wir es aber in dem Sinne, daß ein von Gott berufener und erleuchteter Schreiber dies geschrieben, was sollen wir dann sagen? Erstens liegt in einigen Fällen ein Irrthum klar vor, der bei einem unfehlbaren Zeugen unmöglich wäre. Zweitens sollen wir denn glauben, daß Dinge wie die Geburt Christi in Bethlehem oder sein Verrath durch Judas stattfanden, lediglich damit gewisse Prophezeiungen erfüllt würden? Dies würde doch das Leben Christi zu einem bloßen Phantasma machen und es seiner ganzen historischen Bedeutung berauben. Oder sollen wir gar an= nehmen, wie dies von Anderen geschehen, daß alle diese Thatsachen nur er= funden wurden, um dies Messiasthum von Jesu zu beweisen?

Allen diesen Schwierigkeiten entgehen wir, wenn wir in den Evangelien eine Niederschrift oder einen Niederschlag dessen erkennen, was sich während des ersten Jahrhunderts im Volksbewußtsein der Christen und, was speciell das Evangelium Matthäi betrifft, im Volksbewußtsein der vom Judenthum übergetretenen Christen entwickelt hatte. Bei dieser Anschauung fällt Alles, was an absichtliche Täuschung streift, von selbst hinweg. Die Thatsachen bleiben dieselben als vorher, wie sie sich das Volk erklärt und zurecht gelegt hatte. Nach Matthäus und nach den Berichterstattern, die ihm folgten, war das Christenthum so entstanden, wie es im Evangelium nach Matthäus beschrieben steht. Manche Thatsachen mögen im Geiste und im Munde des Volkes eine mehr volksthümliche oder legendenhafte Gestalt angenommen haben; das war gar nicht zu vermeiden. Wir wissen, wie weit dieser volksthümliche Einfluß, oder was ich den dialogischen Proceß nenne, die Ueberlieferungen anderer Völker inficirt hat, und es ist sehr nützlich, dies zu wissen, um den Evangelien Gerechtigkeit widerfahren zu lassen. Denn wie sollte dieser Einfluß nun gerade im ersten und zweiten Jahrhundert in Palästina gefehlt haben? Alles wird klar, wenn wir die historisch begründeten nur durch viele Parallelen unterstützte Ansicht vom Ursprung der Evangelien im Munde des Volkes annehmen. Die Ueberlieferung war gerade so, wie wir sie unter den gegebenen Verhältnissen nicht anders erwarten konnten. Von absichtlicher Täuschung ist keine Rede mehr. Wir können gar nichts Anderes oder Besseres erwarten, als was wir haben, d. h. was sich das Volk oder die junge christliche Gemeinschaft von dem Leben des Stifters der neuen Religion erzählte, es sei denn eine Aufzeichnung von der Hand des Stifters unserer Religion selbst; denn selbst die Apostel werden uns ja doch nur als Menschen geschildert und ihre Auffassung als eine rein menschliche und oft sehr fehlbare dargestellt. Wenn wir von Offenbarung sprechen, so kann dieses sich nur auf die wahre Offenbarung der ewigen Wahrheiten durch Jesus selbst beziehen, wie wir sie in den Evangelien finden, und deren Wahrheit, selbst wo sie etwas durch die Ueberlieferung verschleiert ist, ihr den Charakter der Offenbarung verleiht. Denn sie ist Wahrheit, und nie sollten wir vergessen, daß selbst die bestbezeugte Offenbarung, da sie uns immer nur in menschlicher Fassung und durch menschliche Vermittelung erreichen kann, nicht Wahrheit hervorbringt, wohl aber Wahrheit, tief gefühlte Wahrheit es ist, welche Offenbarung hervorbringt. Wahrheit macht Offenbarung, nicht Offenbarung Wahrheit. Wir verlieren also gar nichts bei unserer Ansicht, gewinnen aber unendlich viel und werden auf einmal von all den kleinen Schwierigkeiten erlöst, welche eine ängstliche Kritik bei einem Vergleich der Evangelien unter einander zu finden meinte. Die einzige Schwierigkeit, die zu bleiben scheint, ist die, daß die synoptischen Evangelien sich so oft begnügten, die jüdische Auffassung von Jesus als Messias, als dem Sohne David's und Abraham's und schließlich als dem leiblichen Sohne Gottes in den Vordergrund treten zu lassen, und von der Haupt= und Grundwahrheit der Lehre Christi nur andeutend sprechen. Die Apostel waren eben, das müssen wir nie vergessen, keine Philosophen, und die Logosidee in ihrer vollen Bedeutung und ihrer historischen Entwickelung verlangt zu einem richtigen Verständnisse eine starke philosophische Vorbildung.

Hier hilft uns eben das vierte Evangelium, welches wir entschieden der mehr griechisch gebildeten christlichen Gemeinde zuschreiben müssen. Daß griechische Ideen in Palästina eingedrungen waren, das sehen wir am besten in den Werken des Philo Judäus, des Zeitgenossen Jesus. Wir können nicht annehmen, daß er ganz vereinzelt dastand, und wie bei ihm, so muß auch bei

anderen jüdischen Denkern damaliger Zeit die Logosidee als Lösung des Welt=
räthsels Eingang gefunden haben. Eben aus diesem, von solchen Ideen durch=
drungenen und befruchteten Boden erwuchs das vierte Evangelium. Machen
wir es uns nun klar, daß Juden die, wie Philo, sich die Logosidee mit all
ihren Consequenzen angeeignet hatten, in dem Logos ganz nothwendig den Sohn
Gottes, den Erwählten Gottes (Lukas, 33, 35), das verwirklichte Ebenbild
Gottes erkannten, und dann im wirklichen Jesus die Fleischwerdung oder Ver=
wirklichung oder vielmehr Verweltlichung dieses Ebenbildes, so wird uns das
vierte, dem Johannes zugeschriebene Evangelium viel klarer werden. Hier liegt
der Kern des wahren Christenthums, so weit es mit der Person Christi und
mit dem Verhältniß Gottes zur Menschheit zu thun hat. Es heißt nicht
mehr, Gott hat die Welt gemacht und geschaffen, sondern Gott hat die Welt
gedacht und gesprochen. Alles was existirt, sind Gedanken oder, zusammen=
gefaßt, der Gedanke (Logos) Gottes, und dieser Gedanke hat in einem Menschen,
in Jesus, seinen vollkommensten Ausdruck, das wahrste Wort, gefunden. In
diesem und in keinem anderen Sinne war Jesus der Sohn Gottes und das
Wort, so glaubten die griechisch gebildeten Juden, so glaubte der Verfasser
des vierten Evangeliums, so glaubten noch später der junge Athanasius und
seine Zeitgenossen, und so müssen wir glauben, wenn wir wirklich Christen
sein wollen. Es gibt keine andere wahrhaft christliche Erklärung der Welt,
als daß sie von Gott gedacht und gesprochen ist, und daß der Mensch die
Gedanken Gottes nachlebt und nachdenkt. Vergessen wir nur nicht, daß Alles,
was wir von der Welt wissen und haben, auch nur wieder Gedanken sind, die
wir unter dem Gesetz der Causalität zu objectiven Realitäten umformen.
Es war diese Nachdenkung und diese nie wankende Nachfolge Gottes, die
Jesus zu dem machte, was er war, und was wir sein sollen, wenn wir nur
wollen, d. h. Kinder Gottes. Dieses Licht oder diese Offenbarung, leuchtet
auch in den synoptischen Evangelien hie und da durch, so oft es auch von
den jüdisch=messianischen Ideen verdunkelt wird.

Im vierten Evangelium ist der Einfluß dieser Ideen und ihrer Benutzung
von Jesus und seinen Schülern gar nicht zu verkennen. Und warum sollte denn
Jesus die Logosideen der griechischen Welt nicht ebenso in sich aufgenommen
und erfüllt haben, als die messianischen Ideen des jüdischen Volkes? Stehen
denn die Juden, als Denker, so viel höher als die Griechen? Was sagt denn
gleich der erste Vers, als was ein neuplatonischer Philosoph auch gesagt haben
würde, daß „im Anfang das Wort war"? Dieses Wort ist eben der Logos, und
dieses griechische Wort ist für sich allein ganz hinreichend, um den griechischen
Ursprung der Idee anzuzeigen. Wort (Logos) aber bedeutete zugleich Gedanke.
Dieses schöpferische Wort war mit Gott, ja Gott selbst war dieses Wort.
Und alle Dinge wurden durch dieses Wort gemacht, d. h. in diesem Worte
und in allen Worten hat Gott die Welt gedacht. Wer dies nicht verstehen
kann oder will, wird nie in die tiefsten Tiefen der Lehre Christi eindringen,
so gut er auch sonst als Christ sein mag, und das vierte Evangelium in seiner
tiefsten Grundlage existirt eben für ihn nicht. Daß nun in diesen, aus Gott
hervorleuchtenden Worten oder Dingen Leben war, wissen wir, und dieses Leben,

25*

es sei, was es wolle, war für die Menschen ein Licht, das Licht der Welt, ob=
gleich die Menschen lange blind und in Dunkelheit befangen waren und das
Leben, das Licht, das Wort nicht verstanden.

Nun, auf die evangelische Geschichte selbst übergehend, sagt der Evangelist,
daß Jesus das volle Licht brachte oder selbst war, während Johannes ihn
nur vorher verkünden sollte. Dies ist nun allerdings ein großer Schritt, es
ist die christliche Anerkennung des Wortes oder des Sohnes Gottes im ge=
schichtlichen Jesus, dessen geschichtlicher Charakter durch den Charakter von
Johannes den Täufer bestätigt wird. Das Volk glaubte an Johannes und
Johannes glaubt an Jesus. Freilich darf man nicht annehmen, daß die
philosophische Bedeutung des Wortes oder des Logos dem Volke jemals so
klar und vollständig vorlag, wie die Neuplatoniker sie ausgearbeitet hatten.
Das war damals unmöglich, ist es ja selbst jetzt bei der großen Masse der
Christenheit noch immer. Auf der anderen Seite existirten auch die vielen
Subtilitäten und Abenteuerlichkeiten, durch welche namentlich der spätere
Neuplatonismus so abstoßend auf uns wirkt, für das Volksbewußtsein fast gar
nicht, welches mit großer Anstrengung nur die Grundlinien des Logossystems
in sich aufnehmen konnte. Religion ist eben nicht Philosophie, aber es hat
noch nie eine Religion gegeben und kann keine geben, die nicht auf Philosophie
gegründet ist, die nicht die philosophischen Errungenschaften des Volkes zur Vor=
aussetzung gehabt hätte. Das höchste Ziel, dem alle Philosophie zustrebt, ist
und bleibt ja immer der Gottesbegriff, und dieser Begriff war es, den das
Christenthum in seiner höchsten, uns im vierten Evangelium am deutlichsten
vorliegenden Form, im Platonischen Sinne gefaßt hatte. Für Johannes,
wenn wir den Verfasser des vierten Evangeliums, der Kürze wegen, so nennen
dürfen, war Gott nicht mehr der jüdische Jehovah, der in sechs Tagen die
Welt geschaffen, der Adam aus dem Staube und alles Lebendige aus dem Erd=
boden geformt hatte; für ihn hatte Gott eine höhere Bedeutung gewonnen,
sein Wesen war ein geistiges Wesen, seine Schöpfung war eine geistige
Schöpfung, und so wie für den Menschen das Wort Alles umfaßt, Alles dar=
stellt, Alles verwirklicht, was für ihn existirt, so wurde Gott aufgefaßt, als
im Anfang seiend und dann als sich aussprechend im Wort oder als eins
mit dem Wort. Für Gott war das Wort, d. h. das Alles umfassende Wort,
die Sprache, die Bethätigung oder Mittheilung seiner subjectiven göttlichen
Gedanken, die in ihm waren und im Worte aus ihm heraus in die menschliche
Wahrnehmung und somit in die objective Wirklichkeit traten. Diese zweite,
von der ersten ungetrennte Wirklichkeit war der zweite Logos, ungetrennt,
wie Ursache und Wirkung im Wesen ungetrennt sind. Wie nun der höchste
aller Logoi der Mensch war, so erkannte man im vollkommensten Menschen
den Sohn Gottes, den zu Fleisch gewordenen Logos, den höchsten Gedanken
und Willen Gottes. Hier ist nichts Wunderbares. Alles ist consequent durch=
gedacht, und in diesem Sinne konnte Jesus gar nichts Anderes sein, als eben
das Wort oder der Sohn Gottes. Dies klingt Alles zu Anfang sehr fremd
für uns, weil wir die volle Bedeutung der Sprache oder des Wortes vergessen
haben, und nicht im Stande sind, die Schöpfung des Wortes und des Ge=

dankens, wenn auch nur in Form eines Gleichnisses, auf das, was im Anfang war, zu übertragen. Ein Gleichniß ist es ja und bleibt es ja, wie Alles, was wir vor Gott sagen; aber es ist ein höheres, geistigeres Gleichniß als alle, die in den verschiedenen Religionen und in den verschiedenen Philosophien der Welt auf Gott angewendet worden sind und angewendet werden können. Gott hat die Welt gedacht und im Act des Denkens aus= oder herausgesprochen, und diese Gedanken, die in ihm waren, und die von ihm im vernünftigen Nacheinander gedacht und gesprochen wurden, das sind die Logoi oder Species oder Arten, die wir nachdenkend in der objectiven Welt, als sich vernünftig aus einander entwickelnd, wieder erkennen. Hier haben wir den wahren „Origin of Species", lange vor Darwin's Buch.

Dies ist Alles für den Philosophen vollkommen verständlich. Der ganz natürliche Schritt, den Christus und seine Schüler, namentlich die im vierten Evangelium zu uns redenden, thaten, war nun der, daß sie in dem historischen Jesus, den Sohn des Zimmermanns von Nazareth, den höchsten Logos, „Mensch", in seiner vollen Verwirklichung zu erkennen glaubten. Dies kann nur nach überwältigenden Erfahrungen geschehen sein, denn es sollte doch wohl mehr bedeuten, als wir unter dem Ideal eines Menschen verstehen, obgleich ursprüng= lich beide Ausdrücke derselben Quelle entsprungen sind. Auch war es nicht so= wohl für die rein geistige, als für die von den höchsten Ideen begeisterte und handelnde Persönlichkeit des Erlösers gemeint, wenn man ihn das Wort oder, in mehr menschlicher Weise, den Sohn Gottes nannte.

Bei allen diesen Dingen müssen wir stets an das immer wechselnde Medium denken, in welchem diese Ausdrücke sich bewegten. Wort und Sohn mochten beim Volke zusammenfließen oder aus einander gehalten werden, Sohn David's, Sohn Abraham's mochte zuweilen die Stelle von Sohn Gottes nehmen, und all die Ausdrücke mochten in dem Verkehr des Volkes nur das auszudrücken scheinen, was Andere den Messias oder Christ nannten. Jeden= falls waren das Alles die höchsten Ausdrücke, welche man auf den Menschen oder den Menschensohn übertragen konnte. Für das gewöhnliche, von heidnischen Ideen noch ganz durchzogene Bewußtsein war es freilich eine Enormität, einen Menschen in den Olymp zu erheben, ihn zu einem Sohn Gottes umzustempeln. Aber was gab es denn für den Menschen höher als den Menschen? Zwitter= wesen, wie Dämonen, Heroen oder Engel hatte Niemand gesehen, auch reichten sie zu diesem Zwecke nicht aus. Ein Schritt, auch der kleinste Schritt, hinaus über das Menschliche konnte nur in das Göttliche führen oder das Göttliche im Menschen zum Bewußtsein bringen. Was dem jüdischen Bewußtsein als Gottesläfterung erschien, war eben die Wahrheit, die Christus verkündigen wollte, die Wahrheit, für welche er sein menschliches Wesen hingab. Gehen wir auf diese Gedanken ein, so werden wir nicht nur die zeitweisen Ausdrücke der Synoptiker, sondern namentlich das vierte Evangelium in all' seiner Tiefe wirklich verstehen lernen. Wie ohne diese Gedanken es möglich gewesen, dieses letzte Evangelium verständlich zu machen, ist fast unbegreiflich.

Was dachten denn die Leser von dem Worte, das im Anfang war, das mit Gott war, ja das Gott war, von dem Worte, wodurch Alles gemacht war? Und was dachte man ſich denn, wenn Jeſus das Wort genannt wurde, das in der Welt war, ohne daß die Welt ihn kannte, während die, welche ihn als das Wort erkannten und annahmen, dadurch, wie er, Söhne Gottes wurden? Wir müſſen doch etwas bei dieſen Worten denken, und was können wir denn denken, wenn wir nicht das philoſophiſche Wort Logos hiſtoriſch auffaſſen? Man darf nur verſuchen, den Anfang des vierten Evangeliums in eine nicht chriſtliche Sprache zu überſetzen, und man wird ſehen, daß, ohne ihre heidniſche Vorausſetzungen, die Worte abſolut ohne Sinn und Verſtand bleiben. Man findet Ueberſetzungen, die einfach bedeuten: „Im Anfang war das Subſtantiv“. Das mag uns unglaublich erſcheinen; aber was denkt denn eine arme alte Bauersfrau Beſſeres, wenn ſie das erſte Capitel des vierten Evangeliums lieſt, und was ſagt ihr der Dorfprediger Beſſeres, wenn ſie eine Aufklärung verlangt?

Für uns iſt und bleibt die Hauptſchwierigkeit der 14. Vers, daß „das Wort Fleiſch wurde und unter uns weilte“. Aber was für Grund haben wir, unſere Bedenken der unbedenklichen Annahme der Zeitgenoſſen und ſpäter ſogar der alexandriniſchen Philoſophen entgegen zu ſtellen? Sie mußten dieſelben Schwierigkeiten fühlen, die wir haben, aber ſie überwanden ſie im Hinblick auf das, was ſie in Jeſus geſehen oder von ihm ſelbſt nur gehört hatten. Sie konnten ihn in ſeiner Hoheit und Heiligkeit nicht begreifen, außer als den Logos, das Wort, als den Sohn Gottes. Wenn wir ihnen folgen, gehen wir ſicher; wenn nicht, ſo können wir gewiß Manches zu unſerer Entſchuldigung ſagen, aber wir ſtellen uns in den ſtärkſten Wider= ſpruch mit der Geſchichte. Wir mögen ſagen, daß die Menſchen von keiner göttlichen Idee, von keinem göttlichen Worte, von keinem göttlichen Gedanken, von keiner Art auf Erden je eine Verwirklichung geſehen haben, ja daß der Menſch nie ein Recht haben kann, ein ſolches vergöttlichendes Urtheil aus eigener Machtvollkommenheit über irgend Etwas, was ihm in der wirklichen Erfahrung vorliegt, zu fällen. Man vergißt nur dabei ſo leicht, daß, wenn Gott einmal der Menſchheit nahe gebracht worden iſt und nicht mehr als rein jenſeitig betrachtet wird, auch die Menſchheit zugleich dem Göttlichen näher gebracht und gedacht werden muß. Wir mögen dies anerkennen, und doch dabei bleiben, daß Andere, wie die Apoſtel und ſpäter die Philoſophen von Alexandria, dieſelbe Schwierigkeit, vielleicht noch ſtärker als wir, die wir nie Augenzeugen, noch Platoniſche Philoſophen waren, gefühlt haben müſſen, und dennoch dabei blieben, daß Jeſus durch ſein Leben, Handeln und Sterben bewieſen habe, daß die menſchliche Natur nicht höher ſteigen kann als in ihm, und daß er Alles geweſen ſei und Alles erfüllt habe, was Gott in den Logos „Menſch“ hinein gelegt. Selbſt Jeſus erklärt, als Petrus ihn zuerſt den Sohn Gottes nannte, daß Fleiſch und Blut ihm dies nicht offenbart hätten, ſondern ſein Vater, der im Himmel iſt. (Matth. XVI, 17). Und dies war die volle Wahrheit, und gilt auch für uns.

Man gehe das ganze vierte Evangelium durch, und man wird finden, daß es unverſtändlich bleibt, außer von dem Standpunkte aus, den wir dem Verfaſſer zugeſchrieben. Wenn es heißt (I, 18): „Niemand hat Gott je ge=

sehen, der eingeborene Sohn, der in des Vaters Schoß ist, der hat es uns verkündiget", sollen wir denn da bloß an den Sohn des Zimmermanns, den leiblichen Jesus denken, und nicht vielmehr an das Wort, das in ihm war, und das dem Vater so nahe war, wie Er sich selbst, das im Schoße des Vaters war und uns den Vater, der im Anfang war, verkündigt hat? Hat Jesus nicht selbst erklärt (III, 13), daß Niemand zum Himmel empor gestiegen sei, außer dem, welcher vom Himmel, d. h. von Gott, herab gestiegen, und daß Niemand den Vater gesehen hat, außer dem, welcher von Gott ist, d. h. der Sohn (VI, 46)? Dies sind natürlich bildliche Ausdrücke, aber was sie bedeuten sollen, kann nicht zweifelhaft sein. Als Nathanael Jesus (I, 49) Rabbi, König von Israel und Sohn Gottes nannte, da mögen seine Ideen noch sehr unreif gewesen sein, aber mit der Zeit bricht die wahre Bedeutung des Sohnes Gottes mehr und mehr durch.

Merkwürdig ist der Ausdruck von Jesus als er zu Nikodemus sagt: „Ihr müßt wieder geboren werden". Merkwürdig ist er, weil sich die Brahmanen seit frühester Zeit desselben Ausdruckes bedienen und sich Wiedergeborene, Zweimal geboren nannten und beide wohl dasselbe unter der zweiten Geburt verstanden, nämlich die Erkenntniß des wahren Wesens des Menschen, bei den Brahmanen als eins mit Brahman, d. h. dem Worte, bei den Christen als eins mit dem Worte oder dem Sohne Gottes. Und warum gibt denn dieser Glaube an den Sohn ewiges Leben (II, 16)? Weil Jesus uns mit seiner eigenen auch unsere Sohnschaft in Gott verkündet hat. Diese Erkenntniß gibt uns ewiges Leben durch die Ueberzeugung, daß auch wir Göttliches und Unsterbliches in uns haben, nämlich das Wort Gottes, den Sohn, den er gesendet hat (V, 38). Jesus selbst aber ist der eingeborene Sohn, das Licht der Welt; er hat zuerst den göttlichen Gedanken, der in jedem Menschen dunkel liegt, erleuchtet und erfüllt (siehe Joh. VIII, 12. XII, 35. 46.) und allen Menschen die Möglichkeit gegeben, das wirklich zu werden, was sie in der Möglichkeit stets gewesen sind, Söhne Gottes.

Lesen wir weiter im vierten Evangelium, so finden wir natürlich viele Dinge, die mit dieser, wie ich glaube, der höchsten Wahrheit des Christenthums, nur indirect verbunden sind. Dem Weibe von Samaria verkündet Jesus nur, daß Gott ein Geist sei, und daß er im Geiste zu verehren sei, gebunden weder an Jerusalem noch an Samaria. Sie weiß nur, daß der Messias kommen wird, für die Idee eines Sohnes Gottes war sie kaum reif, sondern würde dies, wie die Pharisäer (V, 18), einfach als Gotteslästerung betrachtet haben (siehe Joh. X, 33). Aber immer wieder bricht der Grundton der neuen Lehre durch. Wenn Jesus von seinen Werken spricht, so nennt er sie die Werke des Vaters (V, 19), ja selbst das Auferwecken vom Tode wird von ihm so deutlich, als es nur sein kann, als ein Erwecktwerden durch das Wort erklärt: „Wer mein Wort hört und an ihn glaubt der mich gesandt hat, der hat das ewige Leben" (V, 24), das heißt doch, der ist unsterblich. Wer aber das Wort und sein göttliches Wesen, wie es Jesus gelehrt, nicht erkannt hat, der hat noch nicht das ewige Leben, für welches er bestimmt ist, das aber erst durch Einsicht oder Glauben an Jesus errungen werden muß. Kann etwas klarer sein als die Worte (Joh. XVII, 3): „Das ist das ewige Leben, daß sie Dich erkennen als den allein wahren Gott und Jesus Christus, den Du gesandt hast." Viele von diesen Ausdrücken wurden natürlich von der Masse des Volkes nicht ver= standen oder sogar mißverstanden. Die Worte wurden wiederholt, und wenn es nothwendig wurde, also namentlich bei Fragen von Kindern, so mußten sie irgendwie erklärt, oft durch eine Parabel oder durch eine Erzählung, die im Augenblick von der Mutter erfunden wurde, um die Fragen der Kinder zu beschwichtigen. Dies Alles ist unvermeidlich, es ist überall geschehen, ja es geschieht noch jetzt. Wenn man lernen will, wie die Tradition oder der Volksmund mit historischen Thatsachen umgeht, so vergleiche man doch den Gunther oder den Etzel der Nibelungen mit dem Gundicarius oder den Attila der Geschichte, oder den vom Papst gekrönten Karl den Großen mit dem Charlemagne, der Jerusalem belagerte, oder Hruodlandus mit Roland, oder Arturus mit Arthur. Oder, um auf neuere Zeiten überzugehen, so erinnere man sich nur an die wunderbaren Erzählungen der französischen Journale während des letzten deutsch=französischen Krieges, und man wird erstaunt sein, wie sich das Volk, ohne irgend welche Absicht, Alles zurecht legt, wovon ihm Kunde zukommt. Warum sollte es denn vor 1900 Jahren, als man noch keine Zeitungen hatte, anders gewesen sein, als jetzt?

Was man den Kindern erzählt hatte, und was die Kinder einmal geglaubt hatten, blieb in ihrer Erinnerung, auch nachdem sie selbst älter oder Eltern geworden waren. Es war bequem und natürlich, Alles den Kindern so wieder zu erzählen, wie man es selbst in der Kindheit gehört hatte, und wie ein rollender Stein, nahm die Ueberlieferung bei jeder Wiederholung immer neue wunderbare Elemente an. Es findet sich kaum ein Wunder im Neuen Testament, das sich nicht von diesem Standpunkt aus von selbst erklärte, und was nicht in seiner ursprünglichen Gestalt uns eine weit höhere Wahrheit offenbarte, als das bloße Mirakel. Und wenn dann die Zeit des Niederschreibens kam, war es dann nicht ganz menschlich, daß man Alles, dessen man habhaft werden konnte, zusammenraffte, je nachdem es in dem einen oder dem anderen Hause, in einem oder dem anderen Dorfe, erzählt und geglaubt worden war? Auch daß man sich dabei auf einen Gewährsmann berief, womöglich auf einen Zeit= genossen oder Augenzeugen, war durchaus nicht zu verwundern, besonders wenn die Ueberlieferung noch lebendig war, daß man dieses oder jenes von einem der Apostel gehört hatte und auf ihn von Sohn zu Vater zurückführen konnte. Warum will man diese einfache, natürliche, durch die ganzen Verhältnisse ge= botene Auffassung, die uns auf einmal aller Schwierigkeiten entheben wird, bei Seite lassen, ja entrüstet ablehnen, um eine andere Auffassung vorzuziehen, die allerdings den Vorzug hat, seit Jahrhunderten die allgemein angenommene gewesen zu sein, aber nichts desto weniger ursprünglich nichts mehr war, als eine menschliche Berufung auf eine übermenschliche Beglaubigung? Man ver= gesse nur nicht, daß wenn wirklich eine Stimme vom Himmel ertönt, es immer beim Menschen steht, sie zu verstehen und aus eigener Machtvollkommen= heit zu erklären, daß es eine Stimme Gottes oder eines Engels war. Bei der Hälfte der Christenheit ist die Lehre von der wörtlichen Inspiration der vier Evangelien durchaus kein Glaubensartikel geworden, er ist es erst bei den Protestanten geworden, um etwas Unumstößliches an Stelle der Concilien und des Papstes zu haben. Damit sind aber die Protestanten aus der Scylla in die Charybdis gefallen und in unauflösliche Schwierigkeiten gerathen, weil sie den Evangelien den historischen Boden, auf dem sie entsprungen sind, entzogen haben. Wir kommen aber nicht aus der Charybdis, indem wir wieder in die Scylla steuern, sondern indem wir über die Charybdis hinaus, ja über die Evangelien hinaus zu kommen suchen. In unserer menschlichen Kurzsichtigkeit mögen wir ja glauben, daß es für uns besser gewesen wäre, wenn Jesus oder die Apostel selbst uns etwas Schriftliches hinterlassen hätten. Da es nun aber einmal nicht so war, warum sollten wir nicht zufrieden sein mit dem, was wir haben? Die Trümmer des wahren Christenthums sind noch da, warum sollten wir nicht mit ihnen den alten Tempel wieder herzustellen suchen?

Warum sollten wir die Ueberlieferung, wie sie im Munde des Volkes entstand, wegwerfend behandeln? Würden wir dann schlechtere Christen sein, wenn es uns ganz klar und deutlich bewiesen würde, daß wir nur Volks= überlieferungen besitzen und aus ihnen uns selbst ein Bild von dem Wirken und Lehren Christi zu bilden haben? Ist es nicht gut für uns, daß wir diese Freiheit haben, in manchen Punkten für uns selbst zu entscheiden, was Jesus gewesen sei und was er gelehrt habe? Und in einer Welt, wo sich Alles entwickelt, Alles wächst und sich verändert, warum sollte die Religion allein eine Aus= nahme bilden? Räumen wir nicht alle ganz offen ein, daß gewisse Vorschriften, die in den Evangelien Jesu zugeschrieben werden, für unsere Zeit und unsere Zustände gar nicht mehr passend sind? Gibt irgend ein Christ den anderen Backen hin, wenn ihm Jemand einen Streich auf den rechten Backen gegeben hat? Geben wir den Mantel hin, wenn man uns den Rock genommen hat? Haben wir Alles, was wir besitzen, gemeinsam, wie die ersten Christen es hatten? Verkaufen wir Alles, was wir haben und geben es den Armen? (Matth. XIX, 21.)

Es ist ganz wahr, daß bei dieser Auffassung eine gewisse persönliche Frei= heit in der Interpretation der Evangelien nicht zu vermeiden ist, aber tritt nicht bei dieser Freiheit zugleich ein sehr wichtiges Gefühl der persönlichen Verantwortlichkeit hervor, was ja für jede religiöse Ueberzeugung von der größten Wichtigkeit ist? Es soll gar nicht geleugnet werden, daß diese offene und ehrliche Anerkennung des nicht weg zu leugnenden Einflusses des Volks= mundes und der Volksüberlieferung weite Folgen hat und uns so Manches entziehen wird, woran wir gewöhnt sind und was uns lieb, theuer, ja heilig geworden. Aber es bleibt uns der Vortheil, daß wir uns in unserem Glauben als offene und ehrliche Menschen fühlen, wozu noch kommt, daß wir bei mensch= lichen Hypothesen nie gezwungen werden, unsere Zustimmung blindlings zu geben, sondern unserem eigenen Ermessen folgen können. Wir können die Ansicht, daß in der Entwicklung der evangelischen Geschichte Vieles dem Volksmunde zugeschrieben werden muß, annehmen oder ablehnen, und ich kann mir wohl denken, daß Viele, welche den metamorphischen Proceß, welche Schultradition und Familientradition auf die Gestaltung historischer Nachrichten ausüben, entweder vom Sagenstudium oder aus eigener Erfahrung nicht kennen, es ganz unglaublich finden werden, daß ein solcher Carbonisirungsproceß auch bei der von den Epigonen erzählten evangelischen Ueberlieferung statt gefunden haben könnte. Sie müssen sich dann mit der Alternative begnügen, daß die Gesetze der Natur, welche sie selbst der Gottheit zuschreiben, von ihrem eigenen Urheber abrogirt werden mußten, um der Wahrheit der Lehre Christi durch sogenannte Wunderwerke beim Volke eine gewisse Wahrscheinlichkeit zu verleihen.

Nehmen wir ein Beispiel, um zu sehen, was wir auf der einen und auf der anderen Seite gewinnen und verlieren. Was es ursprünglich bedeutete, daß Jesus die Blinden sehend machte, das hat er uns selbst gesagt (Joh. IX, 39). „Ich bin zum Gerichte auf diese Welt gekommen, auf daß, die da nicht sehen, sehend werden, und die da sehen, blind werden.“ Es handelt sich hier um geistige, nicht um leibliche Blindheit, und was ist schwerer zu heilen, die geistige oder die leibliche? Wenn es nun aber erzählt wurde, wie oft Jesus diese geistige Blindheit geheilt habe, wie oft er die Augen den Blinden und Ungläubigen geöffnet habe, wie war es da zu vermeiden, daß das Volk, namentlich die Kinder, es nicht mißverstanden und solche Heilungen als Heilungen von körperlich Blinden aufgefaßt und wiederholt hätten? Allerdings führt uns eine solche Auffassung sehr weit. Wir müssen uns dann z. B. solche Aussprüche, wie den den Pharisäern in den Mund gelegten (Joh. X, 21): „Kann ein Teufel die Augen eines Blinden öffnen“, schon für eine weitere Ausführung der einmal eingeführten volksthümlichen Auffassung erklären. Dabei darf auch nicht geleugnet werden zu Gunsten der Annahme einer Heilung von leiblich Blinden, daß eine so ausnahmsweise Persönlichkeit, wie Jesus offenbar war, auch eine ausnahmsweise Heilkraft besessen haben mag. Es kommt dann nur auf die Art der Blindheit an, ob sie heilbar oder unheilbar war, und die Lösung dieser Frage können wir getrost dem Arzte überlassen. Ich sage nur, daß, wenn der Arzt eine solche Möglichkeit leugnen sollte, ein wahrer Christ dadurch nichts verlieren würde, da doch unter allen Umständen eine geistige Heilkraft Christi für uns Alle höher stehen würde als eine bloß leibliche.

Man mag dies seichten Rationalismus nennen, aber an und für sich ist doch selbst die menschliche Ratio oder Vernunft nicht ganz zu verwerfen. Daß ein Mensch von hoher, sittlicher Kraft auch jetzt noch Teufel und böse Gedanken austreiben kann, das wissen viele Menschen aus eigener Erfahrung. Warum also nicht glauben, daß Jesus durch seine Erscheinung und durch seine Worte einen solchen Eindruck auf die Besessenen ausübte, z. B. auf den einen oder die zwei Männer, welche bei dem Gaderener oder Gergesener die Schweine hüteten, daß sie zu sich selbst kamen und ein neues Leben anfingen? Daß bei einer solchen Bekehrung die Schweinehirten ihre Schweine vergaßen und diese sich in die See stürzten, ist auch leicht begreiflich, und wenn diese zwei Thatsachen zu Ohren des Volkes kamen, was war natürlicher als die Erzählung, wie wir sie bei Matthäus (VIII, 28), Marcus (V, 1) und Lucas (VIII, 26), aber nicht bei Johannes finden? Auf die Abweichungen zwischen diesen drei Erzählungen brauchen wir hier nicht einzugehen, so auffallend sie auch in einem göttlich inspirirten Buche sein würden. Natürlich wird man wieder sagen, dieses sei eine seichte, rationalistische Erklärung, als ob das Wort rationalistisch irgend etwas Verdammendes in sich hätte. Allerdings kann Niemand jetzt beweisen, daß Jesus die bösen Geister aus den zwei Besessenen nicht in die zweitausend Schweine hinein zauberte; ich gestehe aber, daß mir die seichte rationalistische Erklärung bei weitem würdiger erscheint, um den Einfluß, den Jesus auch auf die verworfensten Menschen ausüben könnte, in ein helles Licht zu stellen.

Um noch ein Beispiel zu geben. Wie oft sagt Jesus, daß er das Brot sei, das den Menschen wirklich sättigt, und das Wasser, das allen Durst stillet (VI, 48 ff.). „Ich bin das Brot des Lebens. — Dies ist das Brot, das vom Himmel kommt, auf daß, wer davon isset, nicht sterbe. — Wer mein Fleisch isset und trinket mein Blut, der hat das ewige Leben, und ich werde ihn am jüngsten Tage auferwecken." Wird irgend Jemand, selbst das Weib von Samaria, diese Worte wörtlich nehmen? Hilft uns nicht Jesus selbst zum richtigen Verständniß derselben, wenn er sagt (VI, 35): „Ich bin das Brot; und der zu mir kommt, soll nie hungern, wer da an mich glaubt, soll nie dürsten." Und wiederum (VII, 37): „Wen da dürstet, der komme zu mir und trinke." Und um seine Worte gegen jedes Mißverständniß zu schützen, sagt er ja selbst (VI, 63): „Der Geist ist es, der da lebendig macht, das Fleisch ist kein nütze. Die Worte, die ich rede, die sind Geist und sind Leben." Und trotz alle dem wollen wir den tiefen Sinn seiner Worte nicht verstehen, wollen blind und taub bleiben und wie die Pharisäer die Erzählung vorziehen, wie Jesus durch Zaubermittel Tausende mit fünf oder sieben Broten und zwei Fischen speiste (VI, 9), so daß schließlich zwölf Körbe von Brot übrig blieben, nachdem alle gesättigt waren? Wir können ganz gut begreifen, wie im Munde des Volkes die großen Wunder Jesu, die er durch sein Leben und seine Lehre wirkte, zu kleinen miracula wurden. Aber wenn wir diese kleinen miracula aufgeben, bleibt uns dann nicht viel Besseres übrig, nämlich die Thatsache, daß Jesus, der sich so oft das Brot und den Wein nannte, der noch beim letzten Abendmahle, als er mit seinen Jüngern das Brot brach, sie aufforderte, das Brot zu essen, welches sein Leib war, und den Wein zu trinken, welcher sein Blut war, daß dieser Lehrer mit seiner Lehre Tausende sättigen, befriedigen und bekehren konnte, die zu ihm kamen und an ihn glaubten! Es ist ja wahr, daß die Erzählung von der Speisung der Tausende mit fünf Broten für Kinder und Frauen verständlicher ist und mehr Eindruck macht, als die metaphorischen Worte Christi; aber nichts ist leichter verständlich, als der Uebergang einer Erzählung von der Bekehrung oder geistigen Sättigung von Tausenden, in eine Parabel von der Speisung von Tausenden mit fünf Broten. Aber haben die wahrhaft frommen und gewissenhaft denkenden Männer nicht auch ihre Rechte in der Gemeinde? Müssen sie sich wirklich von der Kirche zurück halten, weil sie eine zu tiefe Verehrung für die wahre Lehre Christi haben? Großartig schön, wie die Peterskirche in Rom, die Marcuskirche in Venedig oder der Dom zu Mailand sind, es ist ja herzbrechend, den sogenannten Gottesdienst in diesen Räumen mit anzusehen. Man täusche sich doch nicht durch Worte, wie daß das Himmelreich den Kindern gehört, oder daß ein kind=

licher Glaube der beſte ſei. Das iſt ganz wahr, hat aber mit unſerer Frage
abſolut nichts zu thun. Natürlich werden mit jeder Generation Millionen
von Kindern geboren, und auch für dieſe muß Milch geſchafft werden; aber
dieſe Milch iſt nicht für Männer, und dieſe ſollten ſich nicht in Furcht jagen
laſſen durch bloße Worte wie ſeichte Aufklärung, Rationalismus, Unglaube u. ſ. w.
Das Schlimme iſt, daß wir unſere ministri zu unſeren Herren haben werden
laſſen, anſtatt unſere Diener zu ſein, und daß die Schwachen unter ihnen die
Starken an Zahl weit übertreffen. In der Geſchichte ſiegt aber ſtets die
Minorität. Die Volksſage hat das Evangelium Chriſti allerdings zuweilen
ſehr verdunkelt, aber doch nicht ſo ſehr, daß die, welche mit dem Weſen und
Treiben der Volksſage vertraut ſind, nicht die Goldkörner unter dem Sande,
nicht die Sonnenſtrahlen der Wahrheit hinter den Wolken der Volksſage entdecken könnten. Jedenfalls läßt ſich die Volksſage nicht wegdecretiren. Eine
Kenntniß der Volksſage und ihres Einfluſſes auf geſchichtliche Ereigniſſe bei
anderen Völkern und namentlich eine Vertrautheit mit der Ausdrucksweiſe
orientaliſcher Sprachen ſind vom größten Nutzen bei allen dieſen Unter-
ſuchungen. Man verwechſele nur Volksſage und Metapher nicht mit Mytho-
logie. Wenn Jeſus ſagt, daß er das Waſſer ſei, und daß, wer dieſes Waſſer
trinke, nie wieder dürſtet, ſo ſieht Jedermann leicht ein, daß er metaphoriſch
ſpricht. Und ebenſo, wenn er ſagte, daß er der Weinſtock oder der gute Schäfer
ſei. Aber hier fängt ſehr bald der Uebergang von der Parabel zur Wirklichkeit
an. Wenn man die vielen Bilder vom guten Schäfer ſieht, ſo muß man ſich
nicht wundern, daß das Volk glaubt, daß Jeſus wirklich ein Schäfer war und
ein Lamm auf ſeinen Schultern davon trug. Und was jetzt geſchieht, war
natürlich in früherer und früheſter Zeit ebenſo möglich. Wenn das gewöhnliche Volk tagtäglich in alten Moſaikbildern ſah, wie ein Schwert aus dem
Munde Gottes kommt, ſo bildete ſich bei ihm eine Vorſtellung von Gott,
die dieſen Bildern entſpricht (Offenb. Joh. I, 20). Und ſo meinen denn
viele Leſer des Evangeliums, daß Jeſus wirklich vom Teufel hoch empor in
die Luft gehoben und auf die Spitze des Tempels oder eines hohen Berges
geſtellt worden ſei, damit er ihm alle Königreiche der Erde zeigen und ihn
in Verſuchung führen könnte, ein irdiſches Reich zu gründen. Iſt es eine ehr-
furchtsvolle Vorſtellung, Chriſtus vom Teufel durch die Luft tragen zu ſehen,
anſtatt einfach zu lernen, daß ſelbſt Chriſtus, wie wir leſen, inneren Ver-
ſuchungen nicht fremd war, und daß er ſie offen ſeinen Jüngern mittheilte?
Viele Parabeln werden ja in den Evangelien ſo dargeſtellt, als ob ſie wirklich
zu damaliger Zeit ſtattgefunden hätten. So bei den Parabeln über das Himmelreich heißt es immer, es ſei wie ein Samenkorn, welches ein Menſch ſäete,
und während er ſchlief, kam ein Feind und ſäete Unkraut. Oder das Himmelreich ſei wie der Sauerteig, welchen eine Frau nahm und in drei Maß Mehl
miſchte, oder wie ein Schatz, den ein Mann entdeckte, oder wie ein Kaufmann,
der eine Perle von großem Preis fand u. ſ. w. Hört man dieſe Gleichniſſe
oder ſieht man ſie namentlich bildlich dargeſtellt, ſo entwickelt ſich faſt un-
bewußt, beſonders bei der Jugend, ein Glaube an ihre Wirklichkeit, ja an
ihr Geſchehen zur Zeit Chriſti. Bei manchen iſt dieſer Glaube ſehr weit

verbreitet, wie z. B. bei der Erzählung vom barmherzigen Samaritaner. Nun ist es ja auch ganz möglich, daß ein Vorgang, wie ihn Jesus erzählt, zu seiner Zeit oder kurz vorher stattgefunden habe, aber es kann ebenso gut nur ein zu einem bestimmten Zweck erfundenes Gleichniß sein. Und warum sollte dasselbe nicht von anderen Dingen gelten, welche die Evangelien Jesus selbst zuschreiben?

Ist es nothwendig zu glauben, daß Jesus mit eigenen Augen die Pharisäer sah, die ihr Geld in den Schatz warfen (Lucas XXI, 1), und auch die arme Wittwe, die zwei Scherflein hinein warf, oder ist es möglich, auch dieses als eine Parabel zu nehmen, ohne darauf zu bestehen, daß Jesus sich wirklich gegen den Gotteskasten setzte und die gegebenen Almosen genau zählte und wußte, daß die arme Wittwe zwei Scherflein hinein warf und wirklich nichts weiter besaß? Von vielen Dingen, wie von dem Gespräch zwischen Jesus und Nikodemus oder zwischen Jesus und der Frau von Samaria konnte ja Niemand Kunde haben, außer die Betreffenden, wir müßten also annehmen, daß Jesus diese Gespräche den Jüngern mitgetheilt habe, und daß diese uns die ipsissima verba wieder gegeben. So verwickeln wir uns immer in neue, von uns selbst gemachte Schwierigkeiten, die wir allerdings unberücksichtigt lassen können, die aber gar nicht existiren würden, wenn wir die von den Verhältnissen selbst gebotene Entstehung der Evangelien berücksichtigen wollten. Ich habe diese Ansicht von dem volksthümlichen Ursprung der evangelischen Berichte schon früher in meinen Gifford-Vorlesungen auseinander gesetzt und zwar vor einem sehr strenggläubigen Publicum; und obgleich eine kleine Anzahl von Theologen sehr entrüstet über mich war — es war ja ihre Pflicht —, so stand doch die Majorität, selbst von den Geistlichen, entschieden auf meiner Seite. Die Dinge selbst und was sie lehren sollen, bleiben ja in ihrem Werthe unvermindert; nur erkennen wir ein vom historischen Standpunkt ganz natürliches Factum an, daß nämlich die Berichte vom Leben und Lehren Jesu uns nicht direct von Jesu selbst, noch von den Aposteln zugekommen sind, sondern von Männern, welche die Kunde, wie sie selbst sagen, überliefert erhielten, und deren Berichte daher nicht etwa erdichtet oder für einen gewissen Zweck zugerichtet worden sind, wohl aber die Spuren des Einflusses zeigen, der bei mündlicher Ueberlieferung und namentlich zur Zeit einer großen geistigen Erregung unvermeidlich war.

Dies ist ein Problem, welches an und für sich mit der Religion gar nichts zu thun hat. Wir haben die Evangelien so, wie sie sind. Es steht allein dem Historiker zu, ein Urtheil über die Herkunft, die Ueberlieferung und die Authenticität dieser Texte abzugeben, ebenso wie die Reconstruirung des Textes allein den Philologen obliegt. Dazu braucht er nicht einmal ein Christ zu sein, sondern nur ein Historiker. Was nun auch das Urtheil der Geschichtsforscher sein möge, so müssen wir lernen, uns zu begnügen mit dem, was sie uns lassen. Auch hier ist die Hälfte oft besser als das Ganze. Es bleibt uns noch ganz genug übrig, selbst wenn der kritische Historiker uns versichert, daß die Evangelien, wie wir sie besitzen, weder von Christus noch von den Aposteln niedergeschrieben waren, sondern die Ueberlieferung der ältesten christlichen Gemeinden ent=

halten, und daß die Handschriften, in denen sie auf uns gekommen sind, erst dem fünften oder höchstens dem vierten Jahrhundert entstammen. Mit diesen Materialien können wir dann schalten, wie mit jeden anderen historischen Materialien aus jener Zeit, und wir thun dies, nicht sowohl als Christen, sondern als unabhängige Historiker.

Die Ansicht, daß die vier Evangelien auf wunderbare Weise den Verfassern offenbart und auf wunderbare Weise niedergeschrieben, auf wunderbare Weise copirt und schließlich gedruckt worden sind, ist eine Ansicht, die allerdings ihre Beachtung verdient, die aber den Inhalt der Evangelien unberührt läßt. Am klarsten tritt der Unterschied zwischen der historischen und der hergebrachten Auffassung der Evangelien bei der Lehre vom ewigen Leben hervor. Was Jesus unter dem ewigen Leben versteht, das er den Menschen gebracht, ist ja sonnenklar. Er sagt es wieder und wieder. Das ewige Leben liegt im Wissen, daß die Menschen ihren Vater und ihr wahres Sein in dem allein wahren Gott haben, und daß sie als Söhne desselben Vaters gleicher Natur mit Gott und Christus sind (Joh. XVII, 3).

Das ist die Grundwahrheit des Christenthums, und sie gilt nicht nur für die Zeitgenossen von Jesu, sondern gilt für alle Zeiten. Wer in dieser Ansicht eine Ueberhebung menschlicher Natur sieht, sollte sich doch nur fragen, was der Mensch sein könne, wenn er nicht Theil hätte an der göttlichen Natur. Dies schließt den Unterschied zwischen menschlicher und göttlicher Natur so wenig aus, als den Unterschied zwischen dem leiblichen Vater und dem leiblichen Sohn. Wir sprechen auch hier in Bildern, denn wie könnten wir anders von übersinnlichen Dingen sprechen? Wenn es nun aber unter dem Volk wiederholt erzählt wurde, wie Jesus diesen oder jenen zum Leben, zum ewigen Leben erweckt habe, so entwickelt sich bei Kindern und Frauen gar bald das Mißverständniß, als ob sich diese Erweckung bloß auf die Erweckung aus dem leiblichen Tode beziehe. Ja, diese Erweckung galt bei ihnen, wie sie jetzt noch bei Vielen gilt, als ein deutlicherer Beweis von der göttlichen Natur und Macht Jesu, als die Erweckung aus dem geistigen Tod, der Alle bezwungen hält, die ihre eigene göttliche Sohnschaft nicht erkannt, und die frohe Botschaft, welche Jesu der ganzen Menschheit gebracht, nicht verstanden haben. Solche Mißverständnisse finden wir überall, als wenn z. B. selbst ein Mann, wie Nikodemus, die neue Geburt, von der Jesus spricht, nicht begreift, sondern fragt, ob denn ein Mensch zum zweiten Mal in den Schoß seiner Mutter eingehen könne. Wenn dies bei einem Schriftgelehrten geschah, wie viel mehr beim ungebildeten Volke. Ebenso mißverstehen die Juden die Worte Jesus, daß die Wahrheit sie frei machen wird, und erwidern ihm, daß sie der Same Abraham's und freie Männer sind, so daß ihnen Jesus nochmals sagen muß, daß, wer sündigt, nicht frei ist, sondern ein Sclave der Sünde wird (Joh. VIII, 33). Solche Mißverständnisse begegnen uns überall, und ihr Einfluß erstreckt sich viel weiter, als wir zuerst glauben. Natürlich legt die Ueberlieferung nun auch Jesus Worte in den Mund, die nur erst aus der Auffassung des Volkes entsprungen sein können und die Tiefe seiner eigenen Worte fast ganz verhüllen. Während die Offenbarung der wahren göttlichen Sohnschaft des Menschen, dem, der sie begreift oder an sie glaubt, unmittelbar das ewige Leben gibt, seine Blindheit heilt und ihn vom geistigen Tode erweckt, wird Jesus eingeführt, als ob er erst am letzten Tag die Todten auferwecken würde (Joh. VI. 40). Dies ist auch das Mißverständniß der Martha, wenn sie auf die Worte von Jesus: „Dein Bruder soll auferstehen," erwidert: „Ich weiß, daß er am letzten Tage auferstehen wird" (Joh. XI, 24). Selbst einige der Werke, die Jesu zugeschrieben werden, stammen offenbar aus derselben Quelle. Eine geistige Auferweckung genügt nicht, sie galt sogar für geringer als eine leibliche, und eben daher die vielen Erzählungen von der Auferweckung der Todten. Das sind Dinge, von denen auch jetzt noch fromme Christen sich nur ungern trennen, namentlich wo die Einzelheiten so genau angegeben sind, als z. B. bei der Erweckung des Lazarus. Nun ist auch durchaus nichts dagegen einzuwenden, wenn man durchaus die historische Wirklichkeit der Erweckung von Lazarus festhalten will. Nur sollte man dabei die Worte, derer man sich bedient, genau definiren. Wenn man Tod den Zustand nennt, der jede Rückkehr zum Leben ausschließt, namentlich wenn, wie bei Lazarus, schon Verwesung eingetreten ist, so kann man den Zustand, aus welchem Lazarus zum Leben zurückkehrt, nicht Tod nennen, ohne sich selbst zu widersprechen. Jesus selbst sagt sogar, daß seine Krankheit nicht tödtlich war (Joh. XI, 4), und daß er nicht todt sei, sondern nur schlafe (Joh. XI, 11). Hat er sich geirrt? Solche Worte sollten doch wenigstens nicht ganz unberücksichtigt bleiben, selbst wenn gleich darauf die anderen Worte folgen, Lazarus ist todt (Joh. XI, 14). Daß eine hochbegabte Natur, wie die von Jesus gewesen sein muß, wunderbare Heilkraft besessen haben mag, das kann ja nicht geleugnet werden, so schwer es ist, die Grenze zu bestimmen zwischen dem, was hier möglich und unmöglich ist. Fest steht aber auf der anderen Seite, daß wenn eine solche Idee, wie die Auferweckung vom leiblichen Tode, sich einmal im Volksbewußtsein festgesetzt hatte, alle Einzelheiten, namentlich wenn sie als Beweis dienen sollten, ganz von selbst beigebracht werden. Der Kern der Erzählung von der Erweckung des Lazarus liegt natürlich in den Worten (Joh. XI, 25, 26): „Ich bin die Auferstehung und das Leben, wer an mich glaubt, obschon er todt wäre, soll doch leben, und wer lebt und an mich glaubt, wird nie sterben." Hier haben wir die wahre Lehre Christi in seiner eigenen, anscheinend von Widersprüchen vollen Redeweise. Wer an mich glaubt, wird nie sterben, heißt doch nicht etwa, daß sein Körper nie sterben wird; und ebenso bedeuten die Worte, „obschon er todt wäre, soll er doch leben", entschieden nicht, daß sein todter und verwester Körper neues Leben empfangen soll. Aber das Volk wollte etwas Anderes. Für die wahren Wunder, für die geistige Wiedererweckung hatte es keinen Sinn, es wollte fleischliche Wunder, es wollte die Wiederbelebung eines schon verwesten Körpers, und diese wird denn auch in allen Einzelheiten in den Evangelien beschrieben. Das ist nun einmal das Vorrecht der Volksüberlieferung, und es geschieht ohne alle Absicht, außer um die Thatsache, wie man sie nun einmal aufgefaßt hat, lebendig vor uns zu bringen. Volksüberlieferung ist nicht beabsichtigte Täuschung, sie ist nur unvermeidliche Verquickung der Thatsachen mit hergebrachten Ideen, wobei allerdings Gott zu einem nach sechstägiger Arbeit ermüdeten Arbeitsmann, sein Sitz zum Olymp oder zu einem goldenen Thron in irgend einer Ecke des blauen Himmels wird; wobei der Sohn Gottes zu einem Prinzen aus dem Hause David's, der Heiland zu einem Wunderdoctor, seine Heilsbotschaft zu einem Versprechen der Er=weckung vom leiblichen Tode herabsinkt. Es gibt viel sehr gute Männer und Frauen, welche die Gebote Christi in ihrem Lebenswandel erfüllen und denen die wahre historische Auffassung der evangelischen Geschichte eine tiefe Ent=täuschung sein würde. Nun, solchen Christen steht es ja frei, bei ihrer Ansicht zu bleiben. Unsere eigene Auffassung von vielen der Einzelheiten in der über=lieferten Darstellung der Evangelien, aber allerdings von sehr bedeutungsvollen Einzelheiten, beansprucht ja keine päpstliche Autorität für sich. Sie gibt die Möglichkeit des Irrthums gern zu und nimmt für sich nur in Anspruch, eine natürliche und historisch begründete Auffassung der evangelischen Schriften zu geben. Sie soll eine Antwort und zugleich eine Beruhigung sein für die offenbar sehr zahlreichen und im Grunde ehrlichen Menschen, die, wie das Pferdebürla, die evangelischen Berichte, in ihrer gewöhnlichen Auffassung, für eine Trug= und Luggeschichte, ja für reine Phantasterei erklären, und die in Folge davon mit der christlichen Offenbarung aus gewissenhaften Bedenken gänzlich gebrochen haben. Ihre Zahl ist größer, als man glaubt, und man denke nur nicht, daß es nothwendig bösgesinnte oder gar unsittliche Menschen sein müßten. Wenn sie die christliche Offenbarung für ein Unding erklären, so geschieht dies, weil sie dieselbe in ihrem historischen Ursprung und in ihrer göttlichen Wahrheit gar nicht kennen. Anzunehmen, daß jedes Wort, jeder Buchstabe — denn so weit ist man gegangen —, ja daß jede Parabel oder jedes Gleichniß den Verfassern der Evangelien zugeflüstert worden sei, ist allerdings ein Unding und hat nur menschliche und oft nur priesterliche Autorität für sich. Aber die wahre Offenbarung, die wahre Wahrheit, wie sie schon die griechischen Philosophen ahnten, und wie sie Juden, wie Philo und die Zeitgenossen von Jesu, langsam in sich aufgenommen haben, wie sie Männer wie Clemens und Origines in der alten griechischen Kirche lehrten, und wie sie schließlich von Jesu in seinem Leben verwirklicht und mit seinem Tode be=siegelt worden war, ist kein Unding, sondern ist für jeden denkenden Christen das ewige Leben oder das Reich Gottes auf Erden, welches Jesus gründen wollte und theilweis gegründet hat. Ein Bürger dieses Reiches zu werden, ist das Höchste, was der Mensch erreichen kann, es wird aber nicht erreicht durch Taufe und Confirmation allein, es muß im ernsten Geisteskampf er=rungen werden.

In fast allen Religionen bleibt Gott den Menschen fern. Ich sage in fast allen Religionen; denn im Brahmanismus wird allerdings die Einheit, nicht die Vereinigung, der menschlichen Seele mit Brahman als höchstes Ziel anerkannt. Diese Einheit mit, und doch phänomenale Verschiedenheit von der Gottheit drückte Jesus theils durch den Logos, theils durch den Sohn aus. Es gibt nichts so eng Verbundenes als Gedanke und Wort, als Vater und Sohn. Sie können unterschieden, sie können aber nie getrennt werden, denn sie bestehen nur durch einander. In dieser Weise fassen die griechischen

Philosophen alles Geschaffene als das Gedachte oder als das Wort Gottes, und der Gedanke „Mensch" wurde ebenso natürlich zum höchsten Logos, wie er verwirklicht war in Millionen Menschen und zur höchsten Vollkommenheit erhoben ward in Jesus. Wie der Gedanke nur durch das Wort und das Wort nur durch den Gedanken besteht, so besteht auch der Vater nur durch den Sohn und der Sohn durch den Vater, und in diesem Sinne fühlt und erklärt sich Jesus als den Sohn Gottes und alle Menschen, die an ihn glauben, als seine Brüder. Diese Offenbarung oder Erleuchtung kam der Menschheit von Jesus. Niemand kannte den Vater außer der Sohn, der im Busen des Vaters ist, und außer denen, welchen der Sohn ihn offenbaren will. Das ist die christliche Offenbarung im wahren Sinne des Wortes. Man hat lange gesucht, einen wesenhaften Unterschied zwischen Jesus, dem eingeborenen Sohn, und seinen Brüdern zu machen, und zwar aus einem übertriebenen Gefühl erkünstelter Ehrfurcht. Geht diese aber zu weit, so zerstört man damit den Tempel, den Jesus selbst für die Menschheit aufgebaut hat. Es ist ganz wahr, daß Niemand zum Vater kommt, außer durch Jesus, und daß Jesus der eingeborene Sohn ist, denn der Vater ist in ihm, und er in dem Vater (Joh. XIV, 10), ja er und der Vater sind eins (Joh. X, 30). Der Unterschied ist also da, aber ebenso die Einheit, wie Jesus selbst erklärt, daß er in seinen Jüngern ist, wie der Vater in ihm, ja daß sie alle eins werden sollen, wie er eins ist mit Gott und Gott mit ihm (Joh. XVII, 21). Für Viele mag dies gar keinen Sinn haben, weil ihre Vorstellungen von Gott und vom Sohne Gottes durchaus materialistisch sind, aber wer gelernt hat, das Göttliche nicht nur außer sich, sondern auch in sich zu fühlen, für den sind diese Worte das Licht der Welt. In diesem Sinne brauchen wir uns des Evangelii von Christo nicht zu schämen und können bereit sein, allen Pferdebürla's der Welt ins Angesicht zu schauen als geistig frei und zugleich als wahre Christen, so wie sie Jesus selbst gewollt hatte; oft im Irrthum, wie ja auch die Jünger es waren, aber doch getreue und ehrliche Nachfolger des Sohnes Gottes.

Die Hauptsache bei allen diesen Fragen ist die Ehrlichkeit, die Ehrlichkeit gegen sich selbst mehr noch, als die Ehrlichkeit gegen Andere. Wir wissen, wie leicht wir uns Alle täuschen, wie leicht wir uns mit Worten abfertigen, namentlich wenn sie althergebrachte Worte sind. Es war der ehrliche Ton des Pferdebürla's, der mich veranlaßte, auf seine Zweifel offen einzugehen, denn Zweifel sind ja meist Ahnungen der Wahrheit, und wahr zu sein, ist besser als alle Wahrheit zu besitzen. Es war mir eine Freude, jüngst zu erfahren, daß er noch unter den Lebenden ist, obgleich eine Zeit lang außerhalb des Bereichs des gewöhnlichen Postverkehrs, sodaß meine Briefe ihn nicht erreichten. Ob er mich für so ehrlich hält als sich selbst, das wollen wir abwarten. Ich wollte ihn weder überreden noch überzeugen. Solche Dinge hängen zu sehr von Umständen, von Umstehenden und Nahestehenden ab. Was ich ihm zeigen wollte, war nur, daß auch Andere, die von ihm abweichen, oder von denen er abweicht, ehrlich sind und ganz ehrlich verschiedener Ansicht sein können. Sich gegenseitig begreifen zu lernen, ist die große Kunst des Lebens, und to agree to differ die beste Lehre der vergleichenden Religionswissenschaft.

www.ingramcontent.com/pod-product-compliance
Lightning Source LLC
Chambersburg PA
CBHW021453090426
42739CB00009B/1743